Katsuma Kazuyo's
Life Knowledge

勝間式
生き方の知見

お金と幸せを同時に手に入れる55の方法

勝間和代

KADOKAWA

勝間式生き方の知見

お金と幸せを同時に手に入れる55の方法

はじめに

この本は、私が五十二年の人生でトライアンドエラーを繰り返して得た知見をまとめたものです。自分の可能性を開いて、今とこれからを生き抜くヒントとして役立てていただけたら、とても嬉しく思います。

自慢ではありませんが、私はトライアンドエラーの多さではそう簡単に負けない自信があります。もともと、四人きょうだいの末っ子で、小さいころは嫌なことや困ったことがあるとすぐ泣き、姉や兄に助けてもらおうとする性格でした。なんと二十代前半まで、思い通りにいかないことが起きると現状を否定して、イライラしたり凹んだりしていたのです。

そのせいで、初めて就職した企業では超不適応を起こし、自分の部屋に閉じこもって、ひたすら泣いていたという……。出産を理由に正社員からパートに左遷されたこともあれば、骨を埋めるつもりで入社した会社が合併や倒産をしたこともありました。プライベートでは、二回離婚しています。

そんな私が五十代になって実感するのは、年を取れば取るほど幸せになれる！　ということです。

人生は料理みたいなものです。料理を始めたばかりの二十代のころは、塩加減も火の通し方も失敗ばかりしていました。レシピを見てもその通りにできないし、調理器具もうまく使いこなせず、一生懸命作ってもまずいものしかできませんでした。それが続けるうちにコツをつかんで、レシピを見なくても作れるように。今や、手抜きで作っても、ちゃんとおいしいものが出来上がります。

これと人生も同じで、年々増える知見が失敗しないコツになって、若いときには見えなかった真実を見通せるようになりました。その結果、年を取れば取るほど幸せになることを実感するのだと思います。

と言いつつ、実は、私は五十代になるのがすごく嫌でした。中年の範囲内に収まる四十代と一線を画して、とてつもなくオバサンになるイメージが強かったからです。ところが実際になってみると、とてつもなく楽しいのです。想像していたデメリットはほぼなくて、メリットばかりです。

例えば、仕事や家事の仕方の要領がよくなっているので、短時間で終わって自由時間が増えたこと。私の場合は子どもを産んだのが早かったので、子どもの世話に追われずに済むこと。幸か不幸かパートナーとも別れたので、一日二十四時間、自分の時間として自由に使えること……などなど。

この楽しさは、強烈です。好きな漫画を大人買いして一気読みすることもできますし、VRゴーグルを着けてシューティングゲームやリズムゲームに興じることもできますし、久しぶりに大型バイクも買い直しました。ゴルフのパターやスイングの練習機も誰に断ることなく買えて、友達と遊びに行くときに子どもやパートナーの都合と調整する必要もありません。

イメージ的には、定年後の悠々自適な生活を体力のある五十代のうちに味わっているような感じです。この延長線上にある六十代や七十代に対しても、自然とポジティブなイメージがわいてきます。

今二十代～四十代の人は、五十代は意外と楽しいということを、ぜひ覚えておいてください。五十代以降の人は、これから一緒に楽しみましょう！

人生百年時代を生きる私たちは、当分死ねません。平均寿命通りでも女性は八十七歳、男性は八十一歳で、先は結構長く続きます。先が長いと思うだけでため息をこぼす人がいますが、人生は決して不幸な出来事ばかり起こるわけではありません。幸せな出来事と不幸な出来事が繰り返されるのが人生です。

ただ、不幸なことが過度に集中してしまうと、それしか頭になくなってしまい、より不幸なシナリオばかり描きがちです。そして自分の知恵や能力ではどうにもならないとへこたれますが、同じ不幸でも、どうにかできる見込みがあればチャレンジングな機会として捉えられます。その発想の転換を起こすのが知見です。どんなことも人生観や仕事観をデザインし直すきっかけにできて、幸せへの原動力に変えられるのです。

そうして自分を信じるいっぽうで、忘れていけないのは、新型コロナウイルスの感染拡大のような世界規模のパニックは、今後も数年おきに起こり得る、ということです。

感染症に関する専門家の本を読むと、新型コロナウイルス以前にも鳥インフルエンザやエボラ、ＳＡＲＳやＭＥＲＳ、新型インフルエンザなどパンデミックになり得るウイルスは何種類もあり、それらのどれかが近いうちにパンデミックになることはほぼ自明だったようです。

私たち人間は肉食で、家畜を飼うという生活を送っている以上、感染症の原因になる病原菌をあらゆるところで培養してしまっているも同然、という指摘もあります。その上、現代生活の暮らしぶりは人口密度が高く、世界各地を自由に移動できるため、病原菌を拡散してしまっています。

感染症以外にも、気候変動や災害、エネルギー危機、テロリズムの拡大など、明らかに起こるであろうトラブルの種はいくらでもあります。十年単位では、間違いなくまた世界規模のパニックが起きるでしょうし、私は、五年単位でも起きる可能性が高いと思っています。

多くの人は、新型コロナウイルスのワクチン接種が進むにつれて、喉元過ぎれば熱さを忘れるで、元の生活に戻ろうとするかもしれません。それでも決して忘れてはいけないのは、五年後、十年後にまた同じようなことが起こるよ、ということです。

　また、ＩＴやＡＩなどのテクノロジーの進化に伴って、生産性が上がって雇用が減っていく、という逆説的な事象も起きています。この先の十年から二十年ほどで、今ある仕事の約半分は消滅するという予測もあります。感染症によるパンデミックが確実に予測されたように、私たちの雇用喪失も確実に予測される未来です。

　雇用喪失によって、働き方はもちろん、暮らし方の変化も余儀なくされます。そうした未来に対して耐性をつけることが重要であり、逆に短時間労働でいま以上の収入を得るにはどうすべきかを考えるべきであり、コロナ危機はまさしくその試金石だったのです。


　すべてのことを正確に想定することはできないので、正確に準備することも不可能です。だからといって何もしないと、世の中が変動して前に進んでいるのに対して、相対的にどんどん置いていかれてしまいます。現に、コロナ禍においても、何もしなかった個人や組織と、うまくリスクを取りながら前に進もうとした人たちでは、差がついています。

　少しずつでもアタックし続ければ、必ず道が開け、開けた先にフロンティアが待っている可能性も上がります。
そのアタックする力に、そしてフロンティアを見つける力に、本書を役立てていただけると幸いです。

２０２１年８月

勝間和代

目次

第1章 新しい可能性に投資しよう
——自己革新の知見

第2章 自分も相手も気持ちよく
——コミュニケーションの知見

第3章 メンタルブロックを外そう
――コントロール思考の知見

第4章

短時間労働で成果は出せる
――仕事の知見

第5章 収入に上限はない——お金の知見

※本書で紹介している情報、サービス、会社名、製品名等は、
書籍刊行時点（２０２１年９月）のものであり、変更となる場合があります。

装丁・本文デザイン　三森健太＋永井里実（JUNGLE）
カバー写真　疋田千里
ヘアメイク　小林麗子（do:t）
DTP　三光デジプロ
校　正　鷗来堂
編集協力　茅島奈緒深

第1章

新しい可能性に投資しよう

——自己革新の知見

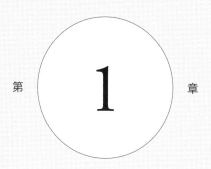

1

時代の波に乗るカギは若年層と「複雑系」

歴史を繙《ひもと》くと、人類は様々な感染症と常に闘ってきて、そのつど生活様式や社会制度、経済状況が変化してきたことがわかります。二〇二〇年から始まったコロナ禍による変化も、決して特別なことではありません。私たちは都市に住んで建物の中にいるので、生きる＝生き残り競争であることを忘れていますが、昔から変わらず、ずっと適者生存の生き残り競争なのです。

言わば、時代が新陳代謝を重ねているということで、私たちも考え方や行動の新陳代謝を重ねなければいけません。その新陳代謝のスピードは、情報伝達のスピードが速くなっていることから加速しています。二〇三〇年ごろには「十年前までは、不特定多数の人がマスクもつけずに一カ所に集まるような不衛生な時代だったんだって」

などと言われてもおかしくありません。

どうしたら適者として生き残ることができるのかというと、まずは変化の波を観察することが重要です。その観察対象として注目すべきは若年層で、彼らがどこに向かっているのかを追う必要があります。なぜ若年層の動向を観察すべきかと言うと、彼らはどんどん新しいものを取り入れるため、情報収集力や判断力が磨かれていき、素早くいいものをキャッチする力があるからです。

いっぽう、中高年層や高齢層は、一部の人を除いて自分のライフスタイルや考え方が確立しているため、新しいものに対する反応が鈍感です。だから、私たちは年を取れば取るほど日々観察して学ばないと、あっという間に取り残されてしまいます。ときに、若い人たちの動向の中には、理解に苦しむものもありますが、それをバカにするのではなく、**自分と若い人たちは何が一致していて、何が一致していないのか、ということを考えてください。その差分こそ、時代の変化の流れです。**

自分の年齢のマイナス五歳ぐらいまでの人たちは身近にいて、動向をつかみやすいのですが、十歳、二十歳、三十歳下の動向は、意識的に情報を集めないとつかめません。従って、あえて年下の友達をたくさん作ったり、年下が多く集まる場に参加したりする必要があります。具体的な方法としては、若い人たちがする趣味を始めて、その趣味の集まりに参加するのがお勧めです。私はボードゲームが好きで、たまにカタンや人狼などのゲーム大会に出ますが、参加者は若い人しかいません。それでもゲームという共通の話題があるので、会話のきっかけをつかみやすく、自然と盛り上がれます。こうした接点が何もなくて、若い人と仲よくなるのは難しいので、一つでいいので若い人に人気の趣味を始めてみてください。

また、自分の子どもたちの間で何が流行っていて、それのどこに惹かれているのか、ということを観察することでも、将来のヒントを得られるでしょう。

情報リテラシーが高い富裕層にも注目

よく私は学生の方々に、「就職活動で複数の選択肢で迷ったとき、親や指導教官が勧めるほうに行くとだいたい失敗する」という話をしています。なぜなら、親や教官世代が持っている情報や価値観というのはすでに古びていて、彼らは無意識のうちに失敗するほうの企業を選んでしまうからです。

同様の理由で、私は年功序列の大企業について常に否定的です。なぜなら、情報収集力や判断力が衰えてしまった人たちが上にいるために、そこの会社が手がける製品やサービスがどことなくいびつなものになるからです。若くて優秀な現場の人たちが提案してきたものを、あまり優秀でなくなった上の人たちが叩くという構造になっているため、現場の人たちは上を納得させられる範囲でよくわからないものしか作れず、ユーザー離れが起きているのです。

それとは対照的なのがベンチャー企業です。ベンチャーに集まる人たちが特別優秀というわけではないのですが、ベンチャーを率いる上の人たちには、能力が衰えたのに居座っている人たちがほとんどいないので、足を引っ張られずに業績を出しやすいのです。

「中高年層や高齢層は、一部の人を除いて新しいものに対する反応が鈍感」と前述しましたが、その一部の人となる例外は、情報リテラシーが高い富裕層です。彼らが何を選んでいるか、ということにも意外と時代の流れのヒントが隠れています。

ポイントは、**単なるお金持ちではなく、情報リテラシーが高いお金持ち**ということです。格安ＳＩＭの普及がその典型で、格安ＳＩＭを利用するには最低限のＩＴの知識が必要な上、端末代金を一括で払わなければいけないケースが多かったことから、所得の高い層から順に普及しました。つまり、彼らの選択から、この先どの商品やサービスの値段が下がって広く普及するようになるかが見えてくるわけです。

そうして見えてきたことは、身の回りの人たちと積極的にシェア（共有）しましょう。シェアする範囲が広ければ広いほど、生き残り競争に必要な力が増すことを意味します。その際、変化の波に逆らう人がいたら要注意です。足を引っ張られて波に乗り遅れないようにしてください。

「複雑系」を理解すると、変化を予測しやすくなる

変化の波の観察と一緒に、頭に入れておいてほしいのが「複雑系」という概念です。複雑系の一例は為替レートで、人々の経済活動の集大成として複雑な曲線を描きながら変動しています。気候変動も同様に、大気や海洋、火山、人間活動など、様々な要因が影響を及ぼし合って生じます。ＧＡＦＡといわれる巨大企業も複雑系の一例で、初めから巨大だったわけではなく、小さな一つのビジネスからスタートし、徐々に周辺分野に触手を伸ばした結果、今のようなコングロマリットになりました。

このように、**複雑系とは、相互に作用する様々な要因や部分が合わさって、全体としてなんらかの変化を見せることを意味します。**様々な要因や部分が合わさった結果なので、一つ一つの要因や部分を見ても、のちのちどういう変化になるのか、一対一では予測できません。様々な要因や部分の中から、より画期的で影響力が強そうなものをシグナルとして捉えて積み重ねて初めて、変化の輪郭が見えてきます。

例えば、コロナ禍になって仕事や買い物、人との交流もオンライン化が進みました。このオンラインを軸にした生活は今後加速することはあっても、減速することはないでしょう。これがのちのちの変化につながる可能性が高いシグナルで、このシグナルによって、自分の仕事や生活はこんなふうに変わるかもしれない、という仮説を立てては、実際どのように変わったかを検証していくのです。そうして、頭の中で仮説と検証が溜まっていくとシグナルを見抜く精度が上がります。どれとどれが、どうつながって何が起きているのか、といった図が浮かぶようになって、複雑に絡んで起きる変化の輪郭をつかみやすくなります。

ニュースを見るときにも、一つの事象を見るだけではなく、背後にどういうことがあって、それらが絡み合って今この事象になっているのだろう、と想像してください。

若年層や情報リテラシーの高い富裕層を観察するときも同様で、背後の流れやつながりにも目を向けましょう。これを繰り返すことで、複雑系に対する理解が深まり、より正確に変化を予測する力がつくのです。**この過度に単純化しない姿勢によって、変化を受け入れやすくなり、変化の波を味方につけることができるのです。**

こうした考察に必要なのは、なんといっても目の前のことに追われていない時間です。誰にでも、夏休みや年末年始などのまとまった休みには様々な計画を練ったり、将来のことについて考えたりする余裕があるでしょう。そうした余裕を、毎日起きている時間の二割ぐらい、つまり三時間ほど持つことをお勧めします。と言うと、そんなに時間を取れない、と思うかもしれませんが、まとまって取る必要はなく、通勤や食後、就寝前など、細かく時間を作ればよく、実は多くの人がすでにそのぐらいの余裕を持っているはずです。ただ、SNSの流し見をしたり、ドラマや漫画を見たりするなど、受動的な娯楽に時間を使いがちなのです。そうではなく、能動的に考える時間として**意識的にぜひ将来のための材料を手に入れられるような時間にあててください。**

例えば、いつも読まないようなビジネス書を読んでみる、ショッピングサイトでどんな新製品が出ているかをリサーチする、新しくできた人気のお店に行ってみるなど。

ポイントは、**いつもの自分の行動半径以外のところを探求する**、ということです。親しい人以外との雑談の時間も情報収集に打ってつけで、新しい気づきを得やすいでしょう。そうして、できるだけ変化の波に対して備えないと、徐々に時代に取り残されていき、人間として痩せ細っていくイメージを持ってほしいのです。

よく私は、なぜ新しいことにチャレンジするのが好きなんですか？　と聞かれますが、どんなにチャレンジしても時代に置いていかれる危機感があるからです。変化の波は正確に予測できないとはいえ、若年層や情報リテラシーの高い富裕層のトレンドに触れれば、この先どの分野が斜陽になって、逆にどの分野に新しい芽が出て伸びそうか、という判断はある程度つくようになります。

そして言うまでもなく、**これから衰退していく斜陽な分野にはコミットする時間は減らして、代わりに新しい芽が出て伸びそうな分野にコミットする時間を増やしていく**わけです。

2 正しいリスクテイクで時間リッチ&キャッシュリッチになる

私が、今は会社がいつ潰れてもおかしくない時代だから、リスクを的確に分析して対処する力=リスクリテラシーを身につけることが重要、と説いたのは二〇〇九年三月に出した『会社に人生を預けるな』（光文社）でした。それから十二年以上が経過した現在は、コロナ禍によって会社の倒産が加速度的に進んでいる時代です。今一度リスクリテラシーの重要性を認識し直して、アップデートすることが急務だと思います。

私が提案するリスクリテラシーとは、次の三段階です。

1　身の回りにあるリスクを予測して、計量する

2　そのリスクに見合ったリターンを得られるかどうかを判断し、当該リスクを取る

か、取らないかを決定する

3　リスクを取る場合、リスクをどうモニターして、制御するのかを検討する

すなわち、リスクとリターンは表裏一体であるため、どのようなリスクを取れば、それに見合ったリターンを得られる可能性があるのかを常に評価して、その上でより適切な管理方法はどれかを判断し、その継続の習慣化をはかるのです。

この流れを概念としてだけではなく、ちゃんと腹落ちするまで理解することが必要ですが、基本的に、私たちはリスクを取りたがらない動物です。行動経済学などで指摘されている通り、**私たちには常に現状維持バイアスという、変化を避けて現状維持を望む心理作用が働いています**。変化したほうがリターンが増えるかもしれないのに、変化を「安定の損失」と捉えて、現在の状況に固執したがるからです。

また、どのくらいのリスクを取るのか、取らないかということは、育った家庭環境にも大きく影響されます。親から「危ないことをするのは止めなさい」と言われて育ったのか、「自分がしたいと思うなら、失敗してもいいから思う通りにやってみなさい」と言われて育ったのかでは大きな違いが生まれるでしょう。

誰しも、ノーリスク・ハイリターンの変化ならよしとするわけですが、残念ながら

世の中そんなにうまい話ばかりではありません。それを承知しておきながら、頭からリスクは危険で避けるものと誤解して、本来取るべきリスクを取らずにみすみすリターンを捨てているケースが多々あります。つまり、**「適度にリスクを取らないというリスク」が全体のリスクを高めている**のです。その一例が、リスクを取り慣れていない人の転職例です。

私のアンダーセンやマッキンゼー時代の同僚には、転職エージェントになっている人がたくさんいます。彼らと定期的に情報交換をしていて、なるほどと思うのが、転職希望者のリスクリテラシーの巧拙が転職の成否を左右する、ということです。

具体的に言うと、リスクを取り慣れていない人の転職は、リスクを避けすぎてチャンスごと逃しやすい傾向にあります。その結果、選択肢が狭まっていき、経営が安定していない、福利厚生が整っていない、給料が低いなど、待遇の悪い会社に就職してしまいます。それでまた転職しても、正しいリスクテイクができない以上、同じ失敗を繰り返してしまいます。

実際、日本では転職するごとに待遇が上がる人より、転職するごとに下がる人が多いのが一般的です。気づいたらリスクに対するコントロール権を失っていて、身動きが取れない状況に陥ってしまっているのです。

正しいリスクテイクが自分の未来を拡大する

リスクは仕事に関する就職や転職、独立のほか、資産運用などのお金に関することについて回るイメージが高いでしょう。実際には、何かを買うときにメーカーを信用する・しない、誰かと知り合ったときに相手を信用する・しない、結婚、離婚など、ありとあらゆるシーンでリスクテイクが求められています。

リスクの本質は、不確実な可能性への投資です。その可能性には、いいことも悪いことも含まれます。つまり、リスクが高いことは変動幅が大きいという意味で、その変動幅は必ずしも下方だけを指すわけではありません。上方があることにも目を向けて、少しずつリスクテイクしていく、すなわち、自分の時間やお金を未来に投資していかなければ、時間リッチ&キャッシュリッチな生活を手にすることはできません。

大原則として、自分の身に余るリスクは取らない、人をだましたり不幸にしたりするリスクも取らない、ということを守る必要はありますが、リスクテイクの報酬として将来にあるのが、時間リッチ&キャッシュリッチへの道です。人が取ってくれたリスクの後追いをするだけでは、決して理想にたどり着くことはできないのです。

もっともシンプルなリスクテイクの取り方は、**「そのリスクを取ったら最悪何が起きるか」を考え、その最悪のシナリオが自分の許容範囲であればリスクを取ってしまう**、という考え方です。

例えばリスクテイク行動を十個したとして、そのすべてが失敗することも成功することもないので、成功の数が失敗より上回っていればOK、など自分が設定したボーダーラインをクリアすればよしと考えるわけです。そう考えると、最悪なシナリオによるダメージがほぼないようなリスクは、どんどん取れるようになります。

こうした考え方でリスクテイクを重ねていくと、ほとんどのことが想定範囲内の出来事になってリスク耐性がつくため、初めて遭遇することが起きてもパニックに陥りにくくなります。

たとえリーマンショックのような金融危機が起きても、コロナ禍によって政治的混乱が続いても、例外ではありません。なぜなら、今現在はどのような状況にあるのか、今後はどのような方向に進みそうか、それに合わせて自分はどうすべきか、ということを想定の範囲内のこととして考えられるようになるからです。

ものごとを理解する枠組みが大きく変わることをパラダイムシフトと言いますが、リスクに対する考え方もぜひパラダイムシフトを起こしてください。すなわち、**リス**

クは上手に把握してうまく付き合い、場合によっては果敢にリスクテイクすることで、将来が開けるという発想です。リスクリテラシーが身についた生活は想像以上に楽しいものです。ある意味で、人生の充実度はリスクをどれくらい上手に管理できたか、ということによって決まるとすら思っています。

リスクテイクしやすいマインドと環境づくり

リスクテイクというものは生まれつきできることではなく、様々な経験や失敗をする中でさじ加減を学んでいくものです。大事なことは、自分が許容できる範囲を把握しながら、少しずつリスクテイクできる範囲を広げていくことです。

言い換えれば、**計算されたリスクを取れ**、ということです。リスクを取れない原因は、リスクがもたらす損失とリターンの、最大値と最小値を計算できていないからです。特に、最大値の損失を計算できれば、この程度の損失なら許容範囲だな、などと決断できるのです。多くの人が宝くじのリスクを許容できるのも、すべてハズレても、三千円や一万円といった最大損失がわかっているからです。

人が恐れや不安を抱くのはよくわからないものに対してで、実態を把握できれば安心感が勝ります。リスクテイクにおいても同じで、今自分が取ろうとしているリスクについてできるだけ情報収集して、理解することが必要です。それによって自分が取れるリスクの範囲を拡張できてリターンが増え、時間リッチ&キャッシュリッチの状態にはなれるのです。

また、忘れずに行ってほしいのが、**リスクテイクしやすい環境を整える**ことです。もし、リスクを取るとバッシングされる職場や家庭にいると、いちいち周りから反対されて、それに対して説明をしなければいけなくなります。するとそれが精神的な障害になって、リスクテイクしない方向に心が動いてしまいます。

自分の両親がリスクを嫌う場合には実家を出れば解決しますが、配偶者の場合には厄介です。特に、経済的に依存している場合は、相手の反対に逆らうのは至難のワザです。だからこそ私たちは、経済的な独立が必要になります。

リスクテイクが許される職場や家庭というのは、失敗に対する許容度が高い環境です。誰でも失敗することを前提にしていて、様々な失敗について共有し、そこから学習して成功につなげる、という姿勢が保たれているため、積極的にリスクテイクできます。逆に、失敗が許されなかったり、失敗を隠蔽したりするような環境だと、積極的にリスクテイクする人はいないでしょう。

もし後者のような環境にいる場合は、小さなリスクテイクから始めて実績を積み上げていき、より大きなリスクテイクもできることを周りに示していく必要があります。それをしても、リスクテイクを許さないような人たちなら、静かに距離を取ることを検討したほうがいいと思います。

リスクマネジメントの三つのポイント

私は一般的な人より積極的にリスクを取ることを勧めるほうですが、むやみやたらにリスクを取ることは身の破綻につながるので、リスクをマネジメントすることが不可欠です。そのポイントは、次の三つです。

1　リスクの総量を自分が管理できる範囲内に抑えること
2　失敗に備えて保険をかけておくこと
3　失敗を学習の機会として捉え、同じ種類のリスクを取るときにより賢くなること

1は、前述した自分の身に余るリスクは取らない、人をだましたり不幸にしたりするリスクも取らない、という大原則と同義で、時間やお金、気持ち的にどこまでならリスクを取れるか、という範囲をあらかじめ決めておきます。範囲内であれば気持ちよくリスクを取るし、超えるときには躊躇する、というやり方でリスクテイクの総量の線引きをします。

2の「保険」は、例えば転職先を探すとき、私は今の勤め先を辞めずに転職先を探すことを勧めていますが、それは今勤めている先が保険になるからです。語学の習得や資格の取得も自分のキャリアにおける十分な保険になります。

3の「失敗の学習」は、過度にリスクを恐れる人によく説明することで、私たちは様々な失敗を繰り返していくことで、新たなリスクに対してより明確なリターンの確率を予測することができるようになる、ということです。失敗を恐れてリスクを取らないと、リターンを失うだけではなく、貴重な学習機会を失っている、と考えるべきです。まさに、「リスクを取らないというリスク」をおかしていることになります。

リスク感性は場数を踏むほど磨かれます。ついつい前例やデータベースに基づいて対処しがちですが、それだけでは応用が利きません。統計やその他の手法を使えばある程度未来を予測できます。データは動的に動いているため、経験しないとわからないリスクがあることも念頭に置いておく必要があるのです。

3 SNSを人脈とチャンスを広げるための「乗り物」にする

現代社会において一人だけで生きていくことは不可能で、交友関係を広げることはリスクテイクにもなります。私は「人」はもっとも貴重な資源だと思っています。特に、信頼できる人間関係は、どんなにお金を積んでも手に入らないからです。

しかし、コロナ禍になって、私たちが交友関係を広げるチャンスは著しく減っています。そこでうまく活用したいのが、Facebook、Twitter、LINEなどのSNSです。このほか私は、自分が運営している勝間塾コミュニティ、YouTube、アプリでは「みんチャレ」も利用しています。

これらのSNSがもたらした大きな変化とは、今までは学校や地域、職場などでつながるしかなかった限られた人間関係を広げて、広範囲から気が合う人とつながれるようにしたことです。**つながりたい相手を能動的に選ぶことができ、しかも十分な人数と知り合える**というのは、今までとはあまりにも違う人間関係の構築法です。

この大きなパラダイム転換を認識してうまく活用している人と、従来の人間関係の中で生きている人とでは、コンピューターを使えるか否かという差と同等か、それ以上の差が生じていると思います。収入格差や資産格差という言葉がありますが、それと同じように**人とのつながり方も二極化が進んでいる**のです。リアルの出会いの場だと、友達と、その友達が連れてくる友達ぐらいまでしか会えず、一度に会えるのは少人数です。それに対してSNSだと、友達の友達から、友達の友達の友達、それ以上にも簡単に広げられます。そうした「薄い付き合いの人たち」との交友を広げるのが、私が勧めるSNSの使い方です。

社会ネットワークを研究した複数の調査で、私たちが就職口や結婚相手などをどうやって探したかということについて調べたところ、友達の友達のような、薄い付き合いの人たちの紹介というケースが多かったことがわかりました。なぜ薄い付き合いの人がチャンスを運んでくれるかというと、一つはまず、薄い付き合いの人の数はとてつもなく多いためです。仮に、今SNSで登録する「友達」が三百人いて、それぞれの友達も三百人だとすると「友達の友達」は九万人になります。三百人からチャンスが来るのと九万人からチャンスが来るのでは、確率がまったく違うのは言うまでもありません。

もう一つは、薄い付き合いの人たちは多様性が高くなるためです。リアルで親しくなる人というのは、同じクラスターに属していたり、同じような価値観やキャリアを持っていたりするなど、共通点が多いと思います。いっぽう、薄い付き合いの人とは**たった一つの共通点があればつながれて、お互いがウィンウィンの関係になれるケースが意外に多い**のです。実際に、私が初めて本を出すきっかけをくれたのも薄い付き合いの人で、友人の本をブログで紹介したものをたまたま見た出版社の社長でした。もともと、本を書いた友人と知り合ったのも、別の友人が主催していたネット掲示板でした。両者とも、リアルでつながっていた人たちではありません。

薄い付き合いの人の輪の広げ方

では、どうやって薄い付き合いの輪を広げればいいのか、というと、例えば友達の投稿を読んだとき、その友達の投稿に対してコメントを付ける人がいたら、その人の投稿を読むようにします。それで興味をもったら、フォローをしたり、中間にいる友達に紹介を頼んだりするわけです。ただしフォローや友達に紹介してもらう前には、相手の投稿を一、二年分はさかのぼり、まともなやり取りができる人かどうかをチェックします。私が好きでよくするのは、知りたいことや困ったことがあるとSNS上に「ゆる募」と書いて質問し、みんなから回答をもらうパターンです。すると色々なところから手が差し伸べられて、中でも薄い付き合いの人からの回答が多いのです。

もっとも、SNSにはトラブルがつきものです。トラブルが多いならしない、というのは、事故にあうから車やバイクに乗らない、というのと同じです。乗り物に乗らないと行動範囲が限られるように、SNSを使わなければ交友範囲は広がりません。いわば、SNSは人間関係とチャンスを広げるための「乗り物」です。その運転技術を磨くカギが、**ホスピタリティ**です。

例えば、高いお寿司屋さんに行った場合、単に高いものを食べたということを自慢するだけの内容なら、ほとんど意味はありません。そうではなくて、ほかでは食べられない魚が出てきたり、普通のお寿司屋さんにはない演出があったりしたら、その部分をフォーカスして投稿するのがホスピタリティです。要は、投稿を読んでくれた人の時間や気持ちを無駄にしない程度のお土産があるかどうかを意識する、ということです。余裕があれば、そのお店の予約方法や客単価までシェアができればバッチリです。そうやって、**それぞれが持っている経験や情報を共有して、よりよく生きるためのツールにする**ことも、私が考えるＳＮＳの適切な使い方です。

自分を盛るほど望む人脈もチャンスも得られない

投稿し慣れていないと何を投稿するか迷うものですが、まずは自分が知って「得をした」と感じたことや、「ほかの人にも役立ちそう」と思ったことを投稿してみましょう。それが本当にほかの人の役に立つかどうかは、度外視して構いません。自分が共有したいと思ったから投稿する、ということが重要です。なぜなら、**その価値基準が接着剤となって、似た価値観や気の合う人たちとのつながりを広げてくれる**からです。それは世代や肩書きに左右されないコミュニティで、リアルな世界で築こうとすると時間も手間もかかってかなり困難でしょう。だから、投稿する際に、こんなことを書いたらイタイ、つまらないヤツだと思われそう、などと考える必要はありません。別に、イタイとかつまらないと思うような人とは付き合わなければいいだけです。

自分を開示することについて拒否感がある人も多いと思いますが、上手に自分を開示することで、同じ興味がある人同士がつながることができ、お互いのニーズが合致してチャンスが生まれます。いわば、磁石のS極とN極のように引き寄せ合うわけです。ただし、くれぐれも自分を盛らないようにしてください。ついつい、何かいいことを言って「いいね！」がたくさんつくようにしたい、と意識過剰になりがちです。そうならないように、私は、ＳＮＳへの投稿は、**良くも悪くも反応がないのが当たり前**、というのをデフォルトにしています。たいていの人は、他人にそこまで興味を持っていません。たまたま自分が興味のあることを、誰かが投稿していてマッチングが起きる＝「いいね！」がつくだけなのです。

ちなみに、私は盛られた自撮り写真のほか、高級な外食や車、服飾品の写真が多くて、他の人の投稿に対して「いいね！」もコメントもつけない人は警戒します。逆に、自分の体験を面白おかしく投稿して、ちょっとした気づきを私たちに与えてくれる人とは、積極的に関わります。前者は、自分が「上」になった気になって自分を満足させていますが、後者は読む人を「上」にして楽しませることで満足を得ています。後者のような人から楽しませてもらうと、私もほかの人を楽しませたいと思い、情報共有の好循環が生まれます。特に楽しませてくれる人には、その人が困っていたりクラウドファンディングを募集していたりしたら、自然と助けたくなります。善意の輪とは、そうやって広がるのです。

4 「等身大の言葉」がつながりと自信を生む

言葉というと、英語などの外国語を話せるようになることをイメージする人が多いと思いますが、もっとも汎用的に学ぶ必要があって、私たちの発想や理解、コミュニケーションの礎になっているのは母国語の力です。

かといって正しい日本語の使い方や美しい言葉遣いを習得し直そう、という提案ではありません。何かを見たり聞いたり体験したときに、肌で感じた感覚や心を包む感情、頭に浮かんだ思考を、母国語のどの単語を用いてどうつなげれば的確に言い表せるか、という表現力を磨くことが重要ということです。

それは一種のトレーニングで、繰り返すうちに、難解な出来事を理解するときに的を射た言葉が浮かんだり、相手が言葉に詰まっているときに相手の意図を素早くくめるようにもなったりします。

　言うまでもなく、たくさん本を読んでプロの表現力や描写力に触れることは、言葉の力をつける上で欠かせません。ただ、それだとインプットだけになるので、アウトプットする場として、**ＳＮＳで自分の体験をシェアする**といいと思います。ほかにも、お店の店員さんに「売れ筋やお勧めはなんですか？」と聞いたり、タクシーの運転手さんに「コロナ禍になってお客さんは減ってしまいましたか？」などと声をかけたりして、やり取りするのもお勧めです。

　家族や友人など、親しい人と話すときは主語や述語が抜けても、説明を端折っても通じますが、自分のことを知らない人とやり取りするときは、きちんと伝える必要があります。そのときに自分の感じたことや思いをビビッドに表現できると、相手からいいリアクションが返ってきてコミュニケーションが楽しくなるでしょう。

　もし、普段ＳＮＳで写真付きや関連リンク付きの投稿しかしたことがない人は、文字だけで投稿するとどうなるか、試してみてください。写真を付けない分、言葉で表現しなくてはいけないので、頭を使って時間がかかるかもしれませんが、そのひねり出す時間が言葉の力を育てます。

等身大の言葉を使う

不特定多数の人とコミュニケーションを取るときほど、聞き手や読み手の立場になって言葉を発することが大事です。そのコツは、自分が言葉を発するときは自分を客観的に見て、他人の目からどのように映っているかを意識することです。身近に、コミュニケーションが上手な人がいたら、その人のやり方を観察して真似しましょう。

私たちがコミュニケーションを通じてしたいことは、自分のことを相手によく見せることではなく、**相手としっかりとつながってわかり合い、情報や思いを共有すること**です。そこに変な見栄や過剰な謙遜を入れてしまうと、話がこんがらがって関係性もこじれます。よく等身大の自分という表現をしますが、言葉についても自分の思いや考えが等身大で反映されるイメージを持ってください。そうしてフェアにつながることで、お互いにお互いを満たす関係性を築けるのです。

言葉を等身大にするためには、普段からありのままの自分を認めてあげて、その自分に対して、いつも優しい言葉をかけてあげる必要があります。こんな自分ではダメだ、もっと頑張らなければダメだ、と自分にダメ出しばかりしていると、等身大の自分を認めることができなくなり、その裏返しで人に対して自分を大きく見せる言葉を使いがちです。それで人とつながることができても実際の自分とのギャップに苦しむことになり、自分で自分の存在価値を認められなくなって自己肯定感が下がってしまいます。

そうならないためにも、言葉の力を磨きつつ、等身大の言葉でコミュニケーションすることを心がけましょう。あるがままの自分の考えや経験を周りの人に受け止めてもらえる感覚こそ、本物の自信になります。自信を得れば自然と積極的になれて、自分のアイデアや企画を発信しやすくなるはずです。そしてそれが誰かの目にとまって、参考にしたいという人が現れれば、自己肯定感はさらに高まります。

自己肯定感を高めるためには、ダイエットやおしゃれのセンスを磨くなどの方法もありますが、言葉の力を磨いて人とつながることは普遍的で、その価値は年齢を重ねても衰えません。自己肯定感を高める方法として、最適だと思います。

5 不運を幸運に、幸運を実力に変える

私は今も昔も、自分のことを運がいいと思っていますが、客観的に考えてみると、二十代のころに勤めていた日本企業では、出産を理由に正社員からパートに左遷されたり、子どもの耳鼻科通いでクビになりそうになったり。その後、骨を埋めるつもりで入った監査法人や銀行は何度も合併したり、倒産したりしました。

三十代になって、ワーカホリックで耳の閉塞感や耳鳴り、激しいめまいが重なるメニエール病に悩まされ、三十代後半では独立して投資顧問会社を立ち上げたものの、当初計画していたファンドの立ち上げが時期尚早であまりうまくいかず、このままではあと半年で会社の資本金がなくなってしまう、という事態に。さらに、研究者になるつもりで大学院博士課程に入ったのに、指導教授が急逝してしまい、進路変更を余

儀なくされ……。まあまあ、不運なことも起きているわけです。

でも、早めに出産したおかげでワークライフバランスの重要性や、効率的な働き方にいち早く目覚めることができました。また、日本企業で左遷されたおかげで外資系に目が向き、勤め先の経営が不安定だったおかげで、企業に勤めることに固執しないで、三十代での独立を実現できました。起業直後に、事業計画が停滞したおかげで、本を積極的に書き始め『お金は銀行に預けるな』（光文社）や『効率が10倍アップする新・知的生産術』（ダイヤモンド社）などの大ヒットとなる作品を世に送りだせました。

これらすべてを待遇や環境、タイミングの悪さを嘆くだけで行動を起こさなかったら、何も変わらないどころか、自分自身がもっともっと生きづらくなっていたに違いありません。

「インディペンデントで丈夫な心」が育った理由

いいときは何もしなくてもいい状況が続くので、人は頭を使いません。**頭を使うのは悪いときで、条件的に制約がかかるからこそ、これだったらできる、という解を考える**のです。そして最適解を絞り込み、実行に移すものを決断して、試行錯誤しながらなんとか成果につなげます。

私はこのフローを幾度となく繰り返して、習慣にしました。こう言うと、そんなことができるのは、勝間さんはハートが強いからだ、と言う人がいますが、そうではありません。私は、四人きょうだいの末っ子ということもあるのか、非常にメンタルが弱い人間で、少しでも嫌なことがあったり困ったことがあったりすると、まずは泣いて解決しようとする打たれ弱い性格だったのです。その性格は、就職してからもしばらく続きました。詳しくは後述しますが、とにかく待遇や環境、タイミングの悪い中でできることを模索したからこそ、ちょっとやそっとのことではめげることのない「インディペンデントで丈夫な心」が育ったのだと自負します。

すると不思議と応援してくれる人がどんどん増え、彼らの力で後押ししてもらえるようになりました。私の著作の中で初めて十万部を超えたのは『無理なく続けられる年収10倍アップ勉強法』（ディスカヴァー・トゥエンティワン）で、そのときはなんと、面識のないブロガーの方々が打ち合わせの上、この本を必ずヒットさせようとしてくれて、書評を一斉にアップして販売促進してくれたのです。よもやそんなことが起ころうとは！　とまったく想像しない出来事でした。しかも、私がそれを意図的に行ってくれたことだと知ったのは、実際に皆さんに会ったときでした。みんな、私のブログのファンだったのです。

いつも心がけたい四つのこと

私が考えるインディペンデントで丈夫な心とは、この四つの心がけで成り立ちます。

1　自分の思っていることが現実になる

2　周りと調和する

3　ゼロ百思考をしない

4　頑張っていることに酔いしれない

最初の「自分の思っていることが現実になる」というのは、友人で漫画家の倉田真由美さんから教わった「過去はいくらでも、よいものに変えることができる」という考え方がもとになっています。**過去の事実そのものは変えられませんが、それをどう思うかは自分次第です。**同じ過去を不満や後悔の対象にもできれば、その過去があるからこそ今の自分がある、と肯定的に捉えて、そこから学んで将来をよりよくする材料に変えることもできます。言葉や思いには魂が宿る、というのは本当で、自分は何をやってもうまくいかないと考えていると、うまくいかないことばかり引き寄せます。

また、うまくやっている人をうらやんだり、うまくいかないことを周りのせいにしたりするのは、自分で自分の可能性を否定していることになります。自分は今のままでいい、と思うのも、自分で自分の限界を作っているのと同じです。

二つ目の「周りと調和する」必要があるのは、周りの人と調和することで、お互いに力を出し合い、目標達成までショートカットできるからです。周りと調和するためには手っ取り早く、こざっぱりとした服装と髪型、笑顔を忘れないことが効果的です。そして、何か議論するときは、お互いに言うべきところは言い、譲るべきところは譲って、よりよい結論を導くように努めます。そのとき、**攻撃的にも防御的にもならないで、自分と相手の考えや都合の両方を重んじること**がポイントです。周りと調和するというのは、周りに迎合するということでは決してありません。

三つ目の「ゼロ百思考をしない」というのは、心を無駄に疲弊させないためです。ゼロ百思考とは、物事をいいか悪いか、好きか嫌いか、得か損かなど、両極端に分けてしまうことを指します。しかし物事には必ず表と裏があります。例えば、初めて大きな仕事を任されてやりがいを感じるけど、時間も手間もかかって大変。真面目で気配り上手な人だけど、口うるさい、など。いい面と悪い面はセットになっているにもかかわらず、悪い面がちょっと見えただけですべて嫌になっていては、感情の振り幅が広い分、心が疲弊しやすいのです。同様に、いい面がちょっと入ると舞い上がるのも避けるようにします。そうすると、**心の安定性を保ちやすくなって、いい面と悪い面の両方を受け止められるようになるため、思考の柔軟性も養われます。**

最後の「頑張っていることに酔いしれない」ことが大事なのは、頑張っているというのはあくまでも自分が主観的に感じることで、客観的に成果が出ているか、ということと別の話だからです。もし寝る間を惜しんで取り組んでいるのに、成果が出ないことがあったら、残念ながら取り組み方が間違っています。三回やってダメなら自分に合っていない方法だと判断して別の方法を試してください。そうしないと、**成果が出ないことを環境や周りの人のせいにして、事態を悪化させかねません。**

この四つを心がけていると、考え方や物事の取り組み方が前向きになります。周りの人に与える影響がよりよくなるため、返ってくる対応もよりよくなります。それが応援してくれる人が増える理由だと思います。ちょっと困っているだけで、周りからよってたかって救いの手が差し伸べられるような人。驚くことに、自分もそういう人になれるのです。するとどんどん不運が幸運に変わって、幸運を実力に変えやすくなります。のびのびと仕事をしているだけで注目してくれる人が現れて、評価やチャンスにつながるのです。

6 情報はメディアのニュースに頼らず能動的に収集する

「愚者は経験に学び、賢者は歴史に学ぶ」

これはドイツの初代宰相のビスマルクが言ったとされる言葉で、次のようなニュアンスで解釈されます。「愚者は自分の経験からしか学べないと考えていて、その結果失敗して初めて己の間違いを知る。賢者はあらかじめ間違いを避けるために、歴史に刻まれた他人の経験から学ぶのを好む」

私がこの言葉を知ったのは二十五歳のときで、外資トレーダー時代の上司に教わりました。きっかけは、私が相場の読み間違えから売ったオプション取引のロスがかさみ、ストップロス以上に損失を出してしまったことでした。その私に対して、上司は頭ごなしに怒るのではなく、何を間違えていて、どう行動すればよかったのかを丁寧に諭してくれました。

このことをきっかけに、私は「いかに歴史から学ぶか」、すなわち、**自分だけの経験に頼るという傲慢なことをしないように肝に銘じた**のです。そして、どうやって他人の経験から学べばいいのかを考え、人から助言を求めることを厭わなくなり、本やセミナーなどを通じて、他人の経験に触れて疑似体験することに熱心になりました。これが、私が情報収集の仕方にこだわるようになった原体験です。

今年に入って、『Ｎｅｗｓ Ｄｉｅｔ』（ロルフ・ドベリ著、安原実津訳、サンマーク出版）という本を読んだのがきっかけで、テレビや新聞などのマスメディアのニュースを見なくなりました。原題は『Stop reading the news』で、「ニュースを読むのをやめろ」という意味で、その通りに実践しています。

もともと、私はテレビも新聞も一日五分も見ていませんでした。ＳＮＳをやっていれば、自動的に話題性の高いニュースは入ってきます。それすらまともに見ていませんが、特に困ることはありません。新聞紙は、愛鳥のイチゴちゃんの寝床のためにとっている状態です。ニュースをよく見る人からしたら信じられないでしょうし、新聞すら読まないなんて時代に取り残されるのではないか、と思うかもしれませんが、自分が知りたいことや気になることは、本やネット検索をして能動的に調べて入手しています。知人や友人とは定期的に情報交換をしていて、彼らとの会話で知らないことがあったらその場で聞いています。

マスメディアの情報は意図的に遮断する

なぜマスメディアを見ないで遮断するかというと、**マスメディアは私たちをニュースに対して受動的にして情報の海に溺れさせ、自分を見失わせる**からです。また、残念ながら、マスメディアは事実に基づいていても、私たちの恐怖心や猜疑心をあおるものや、悲しみや怒りを増幅させるものが強調されて報道されているのが現実です。

例えば、交通事故のニュースがあるとします。クローズアップされるのは、高齢者があおり運転の犠牲になったとか、飲酒運転で子どもが犠牲になったということだけです。高齢者に道を譲ってあげたおかげで事故を防げた、みんなで連携して急患の子どもを病院に運んだ、というニュースは一言で済まされるか、報じられません。

『FACTFULNESS 10の思い込みを乗り越え、データを基に世界を正しく見る習慣』（ハンス・ロスリング、オーラ・ロスリング、アンナ・ロスリング・ロンランド著、上杉周作、関美和訳、日経BP）という本に非常に詳しいのですが、私たちの世界は昔に比べるとどんどん良くなっています。コロナ禍になってもその事実は変わらず、衛生状態も食料事情も良くなっています。交通事情も改善されて、殺人事件も減るなど、あらゆることが良くなっているのです。ところが、マスメディアのニュースを見ているとその逆で、あらゆることが悪くなっているように見えます。所得の格差は進み、少子高齢化に歯止めはかからず、年金は消えるなど。なぜそうなるかというと、悪いほうを目立たせないと、テレビの視聴率も新聞の購買者も確保できないからです。

私たちは、世の中の恐ろしいことや裏切り、不正などはすごく知りたいと思いますが、他人の喜びや楽しみについては、そんなに興味を持ちません。例えば、誰かの噂話をするとき「あの人はすごくいい人だよね」と褒めるか、「なんか感じ悪いよね」と悪口を言うか、どっちが多いかというと、残念ながら悪口のほうです。それは仕方のないことで、生きていく上で悪い噂をたくさん聞いたほうが自衛できるからです。

言い換えると、**私たちの情報収集のバイアスは、常に悪いニュースを聞こうと思って働く**ということです。それに合わせて、ニュースは視聴率や購読者を確保するために、悪いほうに悪いほうにバイアスをかけて報じられ、私たちを扇動しようとします。そうした加工がされた情報は、ある意味依存性が高くなるため、毎日ニュースを見ないと落ち着かない状態になるのでしょう。しかし、そのニュースは公平なものでもなんでもないので、私は遮断しているのです。

「それって本当？」と頭の中で呟く

前述の通り、知りたいことや気になることを調べるときは、本を読むか聞くかしています。本はエビデンスに基づいているものが多く、マスメディアやネットより信憑性が高いと思うので、一日二、三冊読むか聞くのを目標にしています。ネットで情報収集するときは、Ｔｗｉｔｔｅｒでキーワード検索をして、過去十年分ぐらいのツイートからチェックします。もちろん、ＳＮＳの情報も百％信用できないので、一つの情報だけを鵜呑みにすることはありません。ただ、バイアスがかかっていない赤裸々な情報をたくさん入手できるのがメリットで、一つの事柄について「実はこうらしい」という話を複数ルートからたどると、真実の所在をだいたいつかめます。

マスメディアの情報は曲りなりにもファクトチェックがされていて、事実と違ったら謝罪報道がされることになっています。いっぽう、ＳＮＳ上の情報はファクトチェックはされません。それが噂話や陰謀論が流布しやすい原因です。情報を得るときは、一方からの意見だけではなく、反対意見や中立的な意見もチェックして、どれが正しいのかを確認することが必要です。

素直な人ほど、マスメディアのニュースや宣伝文句、人が言ったことをすぐに信用してしまいますが、**何か情報を手に入れたときは、常に「それって本当?」と一度頭の中で呟いて、〝健全な懐疑心〟を持つ**ようにしてください。英語ではクリティカル・シンキングという表現をしますが、どんな情報も発信元の思い違いや意図的な改竄《かいざん》があるので、一つの発言やデータを鵜呑みにせず、いつも確認する癖をつけるわけです。また、一部分だけを切り取って伝えるニュースも多いので、全体像を調べてから判断することが必要になります。

誰も聞いたこともないようなメーカーの、飲むだけで痩せるというサプリメントを見たら「本当に効くの?」と効果を怪しむと思います。その視点で、あらゆる情報を見てください。その健全な懐疑心によって、騙されにくくなります。

信頼できる人からの情報は貴重

私がもっとも貴重な情報源だと思っているのは信頼できる知人や友人、仕事仲間からの情報です。本は、万人向けに作られるので、「本当のこと」をすべて書けません。私は比較的どんどん書くほうですが、読み手によっては誤解を招き、それが批判につながることもあります。それは著者にとどまらず出版社に対する批判に広がることもあるので、意識的にも無意識的にも、どうしても本の内容は保守化しやすくなります。その点、**信頼できる人たちとは本音ベースでやり取りできて、「本当のこと」を入手しやすくなるのです。**

私は小学生のころから、人から聞く情報を大事にしてきました。十一歳、十歳、八歳離れた二人の姉と兄がいて、わからないことがあると、なんでも彼らに聞いて育ったからだと思います。私は十九歳のときに、公認会計士試験に一回で合格しましたが、その方法も十一歳上の姉に相談して情報を入手しました。具体的に言うと、姉の知り合いで公認会計士の試験に受かった方がいたので、その方を紹介してもらい、勉強の仕方を教わったのです。

公認会計士を目指すとき、多くの人が専門学校に入るものですが、一クラス四十〜五十人いて、そのクラスの中から年間一人や二人しか合格しないということは、学校のやり方どおりにやってもまず受からない、ということです。一から勉強を始める人同士で、そんなに能力差があるはずがないので、学校のやり方に問題がある可能性が高い、と考えました。それで、受かった人にやり方を聞いたほうが話が早いと思い、姉に紹介してもらった合格経験者に話を聞きに行きました。

話を聞きに行った当時私は高校生で、相手は初対面の社会人。平日にその方のオフィスに一人で訪ねて、こういう勉強の仕方をするといいよ、と教わって、その通りにやったら本当に一年で受かりました。三十年以上前の勉強法で、試験制度も変わっているので今も通用するかわかりませんが、そのときにもらったアドバイスとは、とにかく簿記だけ一生懸命やってください、でした。専門学校だと七科目ぐらいを同時に進めますが、それを無視して簿記を最初の半年みっちりやってください、と。その通りにしたら、のちのちの勉強がすごく楽に進められました。

ほかにも、私はＳＮＳがパソコン通信と言われていた時代から通信をしていて、そこで面白い人がいたらすぐにつながって仲良くなり、情報交換をしてきました。

また、私が主宰する勝間塾には、高校生から七十代までの多種多様な人たちがいて、塾生さんの体験談も貴重な情報源になっています。やはり、その人自身が体験したことというのは、信頼性や正確性においてマスメディアやネットの情報とは一線を画すると思います。

7 埋没原価に囚われないでアップデートを繰り返す

私たちは何か高いものを買って、それが期待外れで自分のニーズに合わなかったとき、「せっかく高いお金を出して買ったんだから」といって、使い続けてしまいます。しかし実際に支払ったお金は二度と返ってきません。ただでさえ期待外れのものに高いお金を出して損をしているのに、さらに不愉快な思いをしながら使い続けることで、二重の損になっています。

会社勤めや人間関係でも、「ここまで我慢して勤めてきたんだから」「せっかく三年も付き合ったんだから」と言って損切りができずにずるずると時間を追加投資すると、ますます損失が広がってしまいます。これまで費やした年月はもう回収が効かない上に、不愉快な環境や人間関係に時間を投資する必要はまったくないのです。

今までに払ったお金や苦労は、経済用語で埋没原価もしくはサンクコストと言い、「すでに投資や支払いを済ませて回収ができないコスト」を意味します。回収できないのに、「せっかく○○したから」「○○がもったいない」という思いが強すぎると、これからする新たな意思決定の材料に加わってしまい、誤った判断をしやすくなる、というのが定説です。今までに払ったお金や苦労は過去のものとして切り離し、新たな意思決定に影響を及ぼさないようにしないと、どんどん損をしてしまうのです。

買ったものであれば、ヤフオクやメルカリなどの買い取り業者に出せば、少しは回収できます。人間関係であれば、相手のいいところに感謝しつつ、それでも悪いところには目をつぶれないから、と思いを新たにして関係を縮小していきましょう。

住宅ローンを組んで自宅を買って、その後引っ越しや移住をしたくなったけどなかなかできない、というのも埋没原価を気にしているせいです。もしローンを清算してもお金が残るのであればさっさと売って、次の住居に住むということが可能になります。もし売ったときにローンが残るのであれば、それはオーバーローンで、とても危険な状態です。万一の場合は自己破産の危険もあると解釈して、早急に解決する方法を考えなければいけません。投資したお金や時間が多くなるほど、うっかり資産として考えがちですが、今や将来の邪魔になるものはマイナスの資産です。これもさっさと損切りをして、追加の出費がないようにしなければなりません。

「自分内競争」を積極的に行う

何か新しいことをして変化を起こそうとするとき、それを成功させたいなら、今までお金や時間を投資してきたものを一部縮小して、損切りすることが重要です。なぜなら、そうした過去のしがらみを残したまま新しいことをしようとしても、自分の中に十分なキャパシティがないため、思うような変化を起こしにくくなるからです。ただでさえ、私たちは変化を起こすことに対して腰が重く、変えなければいけないと思っていても、にっちもさっちもいかなくなるまで、その変化を保留にしがちです。ほかの人が変えたらうまくいってないようだなどと変化を起こさなくてもいい合理化さえはかろうとします。

しかし、**常に変化に対応することを習慣として、自分の人生の中のもうすでに古びてしまったものについては素早く縮小して、新たにしたいことにどんどん投資する**という「自分内競争」を積極的に行っていかないと、埋没原価がかさむいっぽうになります。自分内競争で負けたものについては固執することなく、どんどん断捨離をして新陳代謝の対象にしていきましょう。そうやって自分内競争を行いながら新陳代謝を行うことが、私はチャレンジ精神を失わないということだと考えます。

もちろん、一生ものとして大事に保有するものもたくさんあって構いません。ずっと大事にするものと、新しいものを組み合わせることで、時代の流れや変化に対応できる幅が広がり、時代に取り残される可能性を小さく抑えることができます。

結局、私たちが年を取るにつれて時代に取り残されやすくなるのは、過去のしがらみを払拭できないことが原因です。しかしもし、過去のしがらみを払拭しながら良質なものだけを残し、新たな変化も取り入れていければ、蓄積量の差において、若い人より明らかに有利になれるのです。

第2章

自分も相手も気持ちよく
――コミュニケーションの知見

8 アサーティブコミュニケーションでウィンウィンになる

アサーティブ（assertive）は英語で、「断定的」「断言する」という意味です。これにコミュニケーションがつくと、七十年ほど前から認知行動療法の一つとして推奨されてきた手法を指し、**「自分を誤魔化さずに、自分も相手も尊重しながら気持ちよくやり取りする手法」**という意味になります。端的な和訳がないのは、日本は空気を読むことを重要視する文化で、こうした概念が希薄だからだと思います。

私がアサーティブコミュニケーションを知ったのは二十代後半で、当時勤めていた会社の研修でした。コミュニケーションに関する固定観念がひっくり返されて、頭をバコーンと殴られたような衝撃を受けました。同時に、人間関係のストレスを減らして、相手とウィンウィンの関係になるための手法として念頭に置くようになりました。

自分も相手も尊重するコミュニケーション

私たちは、意に沿わないお願いをされたとき、

1　嫌だけど、我慢して渋々引き受ける、防御的なコミュニケーションを取る

2　そんなことやりたくない！　と相手に当たる、攻撃的なコミュニケーションを取る

3　適当な理由を告げて逃げる、作為的なコミュニケーションを取る

という三パターンを選びがちです。

1の防御的なコミュニケーションは、繰り返すうちに相手に対する怒りが募って突然キレて爆発したり、別の誰かをいじめて発散したりするなど、2の攻撃的なコミュニケーションに発展します。3の作為的なコミュニケーションは、逃げる＝問題の解決を先送りしているだけで状況は何も改善せず、時間が経つ分悪化します。

アサーティブコミュニケーションの場合はどうするのかというと、引き受けられない理由を自分の言葉で説明し、相手に納得してもらった上で断ります。自分も相手も尊重するコミュニケーションですから、自分の言い分を一方的に押し付けることはし

ません。場合によっては「それはできないけど、これならできる」という代案を出したり、お互いの妥協案を探ったりすることもあります。それが、自分も相手も尊重するということです。それを確実に実行するための四本柱が、**【誠実】【対等】【率直】【自己責任】**です。

【誠実】気乗りしない誘いを受けたとき、「先約があるから」などと嘘をついて断りがちですが、それだとその相手は同じような誘いをしてきます。なぜその誘いについてコミットできないのかを、正直に話す必要があります。

【対等】自分が上司や親の立場ならば、自分の言うことを相手に従わせるものだという考えを捨てましょう。逆も然りで、自分が部下や子どもの立場であっても、上司や親と対等だと考えます。それを心から信じることで、社会的に上の人に対してもひるまずに自分の意見を言うことができるようになり、下の人に対しても高圧的に出ることがなくなります。

【率直】人と話すときは、常に「私」を主語にして自分の気持ちや考えをしっかり表します。「みんながそう言っていたよ」「私はそう思わないけれども、ほかの人はそう思うかもね」という婉曲表現はしないように。自分の意見を他人に代弁させることはやめましょう。

【自己責任】 私たちには、言いたいことを言う権利も、言わない権利もあります。したいことをしても、しなくても自由です。ただし、その結果起こることは、誰のせいでもなく、すべて自己責任として捉える必要があります。

この四本柱を日常的にできているかどうかを自己チェックすることで、アサーティブコミュニケーションが上達していきます。また、相手の言動もこの四本柱に照らし合わせて見ると、コミュニケーション能力を推し量れるでしょう。

もっとも、それができても、色々な人と色んな話をする上で、意見がぶつかることは避けられません。付き合いが深くなれば、不満に感じることも当然出てきます。そのときはぜひ、この不満を抱え込むとあとあと大きなズレになるから、今ここで相手に伝えて解決しておこう、と考えるようにしてください。これは私も実践していることですが、**不満は溜めずにお互いの気持ちを打ち明け合う機会にすることで、心地よい距離感が定まりやすくなります。**

もし、相手が自分の考えをまったく受け止めてくれない場合は、残念ですが、その人から離れるしかありません。一方的に自己犠牲を要求するなど、尊厳を傷つける人と一緒にいる必要は一切ないからです。また、上司やママ友でも、人を利用するようなずる賢い人とも、できるだけ距離を取りましょう。それは自分を尊重することとイコールで、アサーティブコミュニケーションをしていることになります。唯々諾々と従って利用され続ける関係は、きつい言い方になりますが、自分が招いていることだと自覚してください。ノーと言いたいのに言えないと、そんな自分をどんどん嫌いになって、自尊感情が下がります。自分で自分を傷つけていることがないように、アサーティブに対応すべきなのです。

アサーティブコミュニケーションをするのは、相手と中長期的な関係を保ちたい証です。つまり、自分と相手がウィンウィンの関係になるために必要なこと。ルーズウィンもしくはウィンルーズの関係にしかなれない相手とは、中長期的な関係は望めません。

自己主張だけでなく、傾聴も必須

アサーティブコミュニケーションをするには、とにかく自己主張すればいい、と考える人がいますが、それは大きな誤解です。繰り返しますがアサーティブコミュニケーションは自分も相手も尊重することが基本で、そのためには相手の話を傾聴する姿勢も必須です。さらに、ただ相手の話を聞けばいい、ということではなく、**相手の話を相手の立場になって理解することが本当の傾聴**です。

たまに、アサーティブコミュニケーションをしたら会社で浮いた、友達に嫌われたという話を聞きますが、それはアサーティブコミュニケーションをしたのではなく、相手の話を傾聴しないで一方的な自己主張をした、すなわち自分にとって都合が良いことだけを繰り返し言ったせいです。相手の立場になって理解しようとせずに、自己主張だけを繰り返すのは、攻撃的なコミュニケーションにほかなりません。

成功習慣について書かれた世界的な大ベストセラー、スティーブン・R・コヴィー博士の『7つの習慣』(キングベアー出版)でも、第五の習慣として「理解してから、理解される」ということが明記されています。それと同じように、アサーティブコミュニケーションでも、自分の視点だけではなく、相手はなぜそれをしようとしているのか、という視点を常に持つことが大切です。

もちろん、どんなに傾聴しても理解できない主張や、わかり合えない間柄は存在します。だからといって自己主張だけすればいい、と考えるのは早計です。そういう相手でもまずは傾聴して、部分的にでもウィンウィンの関係を築こうとする姿勢が求められます。

意見の対立は当たり前

複数の人がいれば、価値観が違って知っている情報も違うため、目指すゴールを共有できないことが多々あります。**意見が対立して葛藤が起こるのは当たり前ですが、その葛藤を嫌がったり、葛藤がなかったことにしたりしたら、アサーティブコミュニケーションはできません。**また、葛藤が起きると相手に傷つけられない、相手を傷つけないようにするためにはどうしたらいいか、ということを考えてしまいがちです。意図的に傷つけるのは論外ですが、そのつもりがなくてもお互いが傷つくときもある、と割り切る必要があります。なぜなら、それをなくすには、人とのコミュニケーション自体をなくすしかないからです。

私たちは相手と意見が対立すると攻撃されたと思い込みがちで、すると「逃げるか、戦うか」のスイッチが入ります。でも、そこで考えなければいけないのは、**「これは本当に攻撃だろうか」**ということです。単に相手と自分の考え方が違うせいだと気づいたら、逃げることも戦うこともせず、自分も相手も尊重した言動を組み立てていきましょう。その結果として、アサーティブコミュニケーションが成り立ちます。

すべての人がアサーティブコミュニケーションに慣れているわけではないので、もし意見が対立して葛藤が生じた場合は、より慣れている人が相手をリードする姿勢も必要です。たとえ、慣れていないのが上司や親で、慣れているのが部下や子どもであっても、です。慣れているほうがフォロワーシップを発揮して解決を図ってください。

9

「どんな人とも仲良くしなくちゃいけない」は嘘

私たちは、どんな人とも仲良くしなければいけない、という教育を受けてきましたが、それは真っ赤な嘘です。はるかに理解の範疇を超えた問題行動を繰り返す人が、ありとあらゆるところに存在します。おそらく人口の五％から十％ぐらいの割合で存在していて、また、誰でも心身の健康が悪くなれば困った人になり得ます。自分自身も余裕がないときは例外ではありません。

怒りっぽい、自制心が弱くて衝動的、共感性が低くて人の気持ちがわからない、自己愛が強くてナルシストの傾向がある、よく嘘をつく、思い込みが強くて客観的な事実を否定する、どうでもいい自慢話をよくする、知らない人の悪口を言う、虚栄や見栄を張る、人を見下してマウンティングする、などなど。

こういう明らかに人を困らせる人と付き合っていると、心理的安定性が奪われて、自分がどんどん疲弊します。なぜなら、困った人というのは自分以外の人や物への依存が高く、思い通りにいかないことがあると、周囲の人を巻き込んでその不安を消化しようとするからです。

別の言い方をすると、プライドが高くて、誰かを攻撃したり貶めたりしないと自分のプライドを高い状態に保てないから、無意識のうちに問題行動を繰り返す、とも言えるでしょう。

私たちの大切な心と体と時間は、私たち自身と大切にしたい人のために使うものです。困った人たちのために使ってはいけません。

よく、人から騙されたり利用されたり、転職してもまたブラック企業だったりするなど、しょっちゅうトラブルに巻き込まれる人がいます。きっと本人は、自分はツイてないと思っているでしょうが、ツキの問題ではなく、困った人たちに対する警戒心があまりにも弱くて無防備で、自らトラブルに飛び込んでいるのです。同様に、徐々に運気が下がっていくタイプの人も、運の問題ではなく、何らかの形で周囲とトラブルを起こし続けている可能性が高いでしょう。

困った人の見抜き方

　では、どうやって困った人たちを見抜けばいいのかというと、もっとも簡単な方法は、**その人の肩書きや経歴、人柄などをすべて取っ払った上で、冒頭に挙げたような問題行動がどのぐらい起きているかを観察する**ことです。会社の同僚や上司、近所の人をはじめ、仲のいい友人も家族も、観察対象にする必要があります。近しい人を観察するとき、私は、仲がいい人が固定していなくてどんどん変わっていないか、仲のいい人たちと同等ではなく、どちらかが部下のような支配関係にある人ばかりではないか、ということもチェックしています。そうすると、その人の人間関係の築き方がわかるからです。

　SNSや友人の紹介で知り合った人とは、インターネット検索やSNS、あるいは共通の友人の評判などを聞いて、その人が困った人ではないと見極めた上で、食事に行ったり、仕事のオファーを受けたりしたほうがいいでしょう。中には、打ち解け合うまでは猫をかぶっていて、打ち解け合った途端に問題行動をし始める人もいるので、そのときパニックになって見なかったことにしたりせず、できるだけ冷静に相手の問題行動を注視してください。

そして頭の中にスコアリングシステムのようなものを作って、相手が問題行動を起こすたびにカウントしてください。それが一定以上溜まったら、その人とは距離を取って付き合わない、という判断をするわけです。私は、特に気になった問題行動を目の当たりにしたら、メモを取るようにしています。その人が困った人になるかどうかは後々判断することになるので、忘れないように記録しています。

一見いい人に見える「あなたのためを思って」と言う人

ときどき、「あなたのためを思って」と言って苦言を呈する人がいます。もちろん私たちは間違いや失敗をする生き物なので、注意されるときはあります。ただ「あなたのためを思って」と言う人は、実はそれは自分のためで、相手に間違っているという罪悪感を植え付けて、自分の言う通りにしてコントロールしようとします。相手を自分の支配下に置いて、自分の欲求を満たそうとするタイプ、とも言えます。

一見親切な人のようですが、**こちらがアドバイスを求めているわけでもなく、また心理のプロでもない人から「あなたのためを思って」と言われたら、例外なく、その**

時点で警戒して距離を取ってください。

こうした支配欲が強い人たちに対抗するには、相手のペースにのまれる前に離れることが賢明です。私たちは、支配欲が強い人の欲求を満たすための存在ではありません。支配欲が強い人は自分の価値観でしか物事を見ず、それに基づいた認知の仕方で見える世界は、私たちが見ている世界とまったく違います。その世界観に巻き込まれると混乱するだけでなく、自分が間違っているのではないか、自分が悪いのではないか、という罪悪感すら覚えてしまって、ロクなことになりません。

相手が上司の場合には、簡単には離れられないので、自分の心が壊れないように自衛をする必要があります。具体的には、パワハラの証拠として問題行動の事例を集めて、それを人事やさらに上の上司など、第三者に訴えるようにしましょう。それで何の策も講じてくれない会社なら、見切りをつけたほうが賢明です。

家族の場合、親や兄弟の場合には距離を取るという決意をしづらくなりますが、それでも勇気を持って距離を取ることをお勧めします。どうしても躊躇するようであれば、人間関係やコミュニケーションを専門にするカウンセリングを受けて、客観的なアドバイスをもらうといいと思います。

一番難しいのは、配偶者の場合です。特に、子どもがいる場合はできるだけ離婚を避けたいと思うのが人情でしょう。その思いから相手を見る目が甘くなり、すべてが悪いというわけではなく、ちょっと支配力が強いだけ、といったように擁護しがちです。しかし、それは相手の支配欲をさらに刺激する結果にしかつながらず、こうしろ、ああしろ、という要求はどんどんエスカレートしていきます。その相手が要求してくる事柄が、自分一人で責任を負える内容かどうか、そもそも自分が責任を負うべきことなのかどうか、ということを考え直してください。

つまり、**過度に自分の領域に侵入してくる相手に対して、まずはおかしいのではないかという警戒心や危機感を抱いてほしい**のです。

自分を傷つける人と一緒にいる必要はない

困った人から離れるとき、相手を見捨てるような罪の意識を感じるかもしれませんが、私たちはどんなに頑張っても他人を変えることはできません。だから、**困った人のために我慢し続けて、自分を傷つけることはやめましょう。**それができない人は、人から嫌われることに過敏かもしれません。

もっとも、私たちには困った人と離れる権利だけではなく、困った人と一緒にいる権利もあります。後者を選んだ場合、きついことを言うようですが、相手から傷つけられても、周囲に文句や愚痴をこぼしてはいけません。なぜなら、相手から傷つけられた自尊心を、周りの人に慰めてもらって回復しようとするのも、問題行動の一つだからです。自分も、自分以外の人への依存度が高い困った人になってしまいます。

「あなたのためを思って」と言う支配欲が強い人に対しては、毅然とした強い態度で接するべきですが、そのとき、「あなたの言っていることはおかしい！」「あなたの言動に傷つけられて許せない！」などと、相手に言い返してはいけません。ついカチンときて言い返したくなる気持ちはわかりますが、それでは相手と同じ土俵に立ってしまうことになります。その場では相手を黙らせることができても、陰で根も葉もない噂を立てられたり嫌がらせを受けたりするなど、泥仕合に発展する可能性が高いからです。**相手に言い返したくなってもグッとこらえて、かといって相手の言うことを鵜呑みにして傷つくのではなく、相手と自分の境界線を保つようにしてください。**

相手にどんな理由があったとしても、他人を傷つけることで自分の欲望を満たす困った人とは、まともな人間関係を築くことは非常に難しいことです。私たちの人生は有限です。**自分を傷つける人ではなく、お互いに尊重し合える人と気持ちや時間を共有して、関係性を深めていったほうが、確実に幸せになれます**。その幸せを放棄してまで、自分を傷つける人と一緒にいる理由はどこにもありません。

私たちが人とコミュニケーションを取る目的は、お互いの心を通い合わせて、気持ちを満たすことです。その意味で、問題行動を繰り返す相手とはコミュニケーションは取れないということです。自分の気持ちがすり減らないところまで、距離を取る必要があります。そして、内面の充実を中心とした交流ができる人と過ごす時間を増やしてください。

10 家族もパートナーシップもジェンダーも多様化する

近年では婚姻年齢が上がって、どんどん未婚化が進むことが問題になっていますが、そもそも、家庭の大きな存在意義は子どもを育てることにありました。それが保育所の増加や助成金の支給によってシングルでも子どもを育てやすくなって、家庭の存在意義は揺らぎました。シングルの場合、育てられる子どもの数が制限されるため、少子化の一因になっていることも事実です。フランスのように、婚外子を認めて、出産や子育てに関する補助金をどんどん増やせば出生率は上がるでしょう。「子どもを産んだらお金をあげますよ」ということで、ある意味、母親という「商売」が成り立つわけです。日本には生活保護があるので、やろうと思えば同じことができますが、生活保護に対するスティグマがあるため浸透しないのが現状です。

また、個々人のニーズの多様化にともなって、家族全体で行動するより、別々に行動したほうが生活満足度が高い、というのも事実です。今現在、毎日、家族全員で食卓を囲んで団らんしている家庭は、どのくらいあるのでしょうか。一家団らんできるのは週末のみ、という家庭が多いと思います。**そうして別行動になる時間が増えても、SNSを活用すれば家族のつながりを保てるのが現代です。**このつながり方をネガティブに捉える人もいるでしょうが、SNSのおかげで単身赴任などで離れて暮らす家族とも常につながれる、というポジティブな面もあるわけです。実際、私も独立した娘たちとは、お互いFacebookを見て、今日は遠方に出張しているのね、などと知ることが多々あります。人によっては、SNSのおかげで、疎遠になっていた家族とつながり直せた人もいるのではないでしょうか。

離婚も結婚も選択の自由

私は二度の結婚と離婚を経験していますが、最初の結婚では「子どものために、何があっても離婚はしてはいけない」と思い込んでいたことが、色々な歪みを生じさせたと思います。加えて、当時は仕事と家事や育児を両立させるだけの時間がありませんでした。もし時間的な余裕があったら夫婦の会話を持てて、家事分担や子育ての方針など、二人でいろいろ解決できたでしょう。ただ、それができなかった以上、離婚してよかったと思っています。**上手な離婚は関係者全員を幸せにする**、というのが私の持論です。夫婦で一緒にいたいと思う人たちを除いて、かつての私のように子どものためを思ってとか、世間体を気にして我慢して結婚生活を続けている人は、離婚したほうが幸せになれると思います。

世間の目も、離婚した人に対して優しくなっています。同様に、独身でいる人に対する目も寛容になりました。昔なら、独身女性は「結婚できない人」という見られ方をしましたが、「結婚しない人」という見方に変わってきました。つまり、社会的に結婚するのが当たり前だった時代から、結婚しないことが選択の自由の一つとして浸透したということで、今後ますます結婚しないことを選択する人は増えるでしょう。これまでパートナーや家族がいないと手に入らなかった社会的なつながりや支え合いが、SNSによって一部代替できることも、増加を後押ししていると思います。

今現在の私は、恋愛に対する興味がなくなっていて、恋愛を〝卒業〟したのかな、という状況です。なぜだろう、と考えたとき、子どもを産む年齢ではなくなったことが大きく影響している気がします。

女性差別もジェンダー差別も、競争社会から取り残される

人類の発展の歴史は、民主化の歴史と言うことができます。その民主化の歴史の中で人種差別はよくないことがわかり、昨今、女性差別を含むジェンダー差別もよくないことがわかってきました。「よくないこと」というのは、ジェンダー差別をしていると、競争社会から取り残されることがわかった、ということです。この意味で、日本は国際社会から取り残されています。ジェンダーギャップ指数は、世界百五十六カ国中百二十位という低さです。ボトルネックになっているのは、旧態依然とした男性社会で、女性の社会進出が阻まれていることだと思います。

アメリカやヨーロッパが発展したのは、女性の社会進出や活躍を広く一般に認めたことによって、労働力率が上がり、国力も国民の生活の質も向上したからです。女性が労働市場にどんどん参入して、男女の社会進出の公平性を保つことで、競争原理が働いて、生産性も納税率も上がります。特にアメリカが顕著で、ここ二十年ぐらいで増えたGDP（国内総生産）を分析すると、増やしているのは女性がほとんどです。

いっぽうの日本は、取り残されているとはいえ、もはや後戻りはできないでしょう。

数十年単位で考えれば、女性が働くことは普通になっていて、女性上司も珍しい存在ではなくなっています。**ゆっくりとした変化だけれども、この変化は確実に続く**、と言えると思います。

家庭を守れと言われていたのは、ほんの数十年前

なぜ日本の変化は遅くて、女性が活躍しづらいかというと、女性は小さいころから社会で活躍するな、ということを刷り込まれ続けたことも一因だと思います。男性社会で生きるには学歴よりも家事の腕を磨け、専業主婦になって家庭を守るのが女の仕事、と言われ続けた三十年があって、それがいきなり社会に出て活躍しろ、と言われ出したのが、ほんの数十年前です。女性自身、戸惑っている人もいるでしょうし、今まで活躍していた男性はチャンスや立場を奪われて、社会不安につながっています。

女性は失職しても犯罪者になりませんが、男性は失職すると犯罪者になりやすい傾向があります。明確な理由は定かではありませんが、おそらく男性社会ゆえ、男性は失職して競争社会にあぶれると社会的な居場所を失ったと捉えるため、道を外しやすいのでしょう。

そういった背景もあるため、社会の変革は一足飛びには進まないのです。女性差別の問題を解決するにも、女性の雇用機会を増やすだけでは問題解決に至りません。同時に、男性の雇用問題や社会不安も解消しなくてはいけない問題です。ただ、繰り返しになりますが、変化はゆっくりですが、確実に続いていきます。某医大の入試女性差別問題が明るみに出たり、森元首相が女性蔑視発言によって東京オリンピック・パラリンピック競技大会の組織委員会会長を辞任に追い込まれたりしたのは一種の〝膿出し〟で、かつての常識が今の非常識になっていることを知らしめている側面もあるのです。

先行きの見通しが悪いとつい不安要素にばかり目がいきますが、全体的な文脈で言うと、人類はどんどん学習して賢くなっています。人類の歴史が長くなるほど直面する問題の数が増え、同時に解決した問題の数も増えているからです。その賢くなる流れの中で、あらゆる差別は、誰にとっても損、やめたほうが得だ、ということに気づいたのが現状です。これまで差別してきた人が、差別する余裕がなくなってきたとも言えるでしょう。今後、この気づきがより広がって、常識として定着することを願います。

11

他者への貢献が運とチャンスを引き寄せる

私が、**人間関係でもっとも大事にしている価値観は利他心**です。利他というのは利己の逆で、利他心とは、他人が利益を得られるように振る舞う心構えのことです。これは私が言うまでもなく、様々な宗教で説かれており、多くの自己啓発書にも書かれていることです。人は誰しも、自分が幸せになりたい、と当然のこととして思っています。しかし、自分一人だけで自分を幸せにすることはできません。人とのかかわりの中で、協力し合いながら幸せになることができるわけです。

その協力をする際のカギになるのが利他心で、大それたことをする必要はありません。ごくごく小さな貢献でよく、例えば、人に道を聞かれたら教える。ゴミが落ちていたら拾って捨てる。ファストフードでトレーを片付けるとき、隣の席に放置されたトレーがあったらついでに片付ける。知り合いから、こういう人を知らない？　と聞かれたらできる限り探す、など。こうしたことを進んですると、他者貢献している自分を自覚できるためか、とても気分がよくなります。それだけではなく、不思議と運がよくなって、いろんなチャンスが寄ってくるようになるのです。

それはなぜか。思うに、利他的な行動が身につくと、まず自分以外の人の満足も考えられるようになります。すると、仕事や何かの活動をするときに、自分個人の成果や満足だけではなく、所属する会社やグループが大きな成果や満足を得るにはどうしたらいいか、ということを考えるようになります。そうした行動ができる人は自ずと信用度が上がり、実際の結果に結びつけば実績になるため、さらにいろんなチャンスが舞い込むようになるのです。そして、面白いことに、**小さな貢献を繰り返していると、周りにいる人が、自分がやろうとすることにもサポートを惜しまない人たちばかりになります。**これは、親切が循環したペイフォワードの結果と言えるでしょう。

ギブ&テイクではなく、ギブの五乗

ペイフォワードとは、自分がAさんに親切にすると、AさんはBさんに親切にして、

BさんはCさん、CさんはDさんという形で親切が連鎖して、その親切がめぐりめぐって自分に返ってくる、という考え方です。自分がAさんにした親切が、Aさんから直接返ってこなくてもいいのです。自分の家族や友人など身近な人たちから、コミュニティから、会社、国、世界と親切の輪が広がって、自分のところに戻ってくるというイメージです。

ついつい、誰かに親切にすると、その相手から親切を返してもらうギブ&テイクを期待しがちですが、それだと返ってこない場合、相手に対する印象が悪くなったり、勝手に損した気分になったりします。そうではなくて、ギブした相手から直接テイクできなくてもいい、回り回って、いつかほかの誰かからテイクが返ってくる、と考えて、自分が親切にできるときは、余裕がある限りなんでもやるようにするわけです。

すると、親切にするのが当たり前になるので、いちいちギブした相手を覚えておかなくなり、テイクを相手に期待することも忘れます。たまにしか親切にしない人は、親切に大きな労力を使うためいつまでも覚えていますが、しょっちゅうしていれば親切にしたこと自体忘れます。その結果、テイクがなくても不満に感じることもないので、人間関係の窮屈さから解放されて楽になれます。

実際、私はこれを自分の中でルールにしてから、驚くほど人間関係が楽になりました。この親切の連鎖を、私は**「ギブの五乗」**、すなわち**「ギブ&ギブ&ギブ&ギブ&ギブ」**と呼んでいます。

スコットランドの有機化学の専門家、デイビッド・ハミルトン博士の研究によると、人に親切にすると脳内に幸せホルモンと言われるオキシトシンが分泌されて、ストレス解消になるということがわかっています。つまり、いいことをするといい気分になれるのは、エビデンスに裏付けされているということです。

ただし、無理をしてまで人に親切にしてはいけません。あくまでも、自分の負担にならない範囲で行ってください。特にギブを吸い取るサイコパスやマニピュレイターには近寄らないようにしましょう。息を吸って吐くようにできることだけをしましょう、と私はよく言っています。そうしなければ、親切は連鎖しません。その点だけ注意して、できる限りの親切をすることをお勧めします。

12 人それぞれに「事実」は違い、認知のズレがある

私は二十代後半から三十代半ばにかけてコンサルティングの仕事をしていましたが、コンサルタントの役割は何かと言うと、経営者の様々な意思決定を支援する際、常にファクトベースの情報を提供する、ということでした。ビジネスにおいて、取引先や他部署との利害が対立して事案が行き詰まることが多くありますが、コンサルタントは中立的な立場から状況を調査して、双方が認識している事実がどのように存在するか、ということを浮き彫りにします。するとたいてい、双方が相手の立場になって考えられていないせいで認知が食い違い、自分たちの要望や提案ばかり押し付けていることがわかります。

これはビジネスシーンに限らず、普段のコミュニケーションでも起きていることで、

ほとんどのコミュニケーションは、自分だけを主語にして進め、なぜそのようなことを考えるのかという心情の吐露が足らず、お互いが認知している事実の共有ができていません。それが、齟齬が生じる大きな原因です。

基本的に、自分が考える事実と相手が考えている事実には、相違があります。より正確に言うと、事実などというものは存在しないも同然で、出来事をどのように解釈するかという認知が私たちの心の中に存在するだけです。**その認知のすり合わせをしないと、話は空回りするばかりで前に進みません。**

ある程度価値観や立場が似ている者同士のコミュニケーションが楽なのは、そういった認知のズレが生じにくいからです。逆に年が離れていたり、立場が違っていたりすると、同じ出来事を見ていても認知に大きなズレが生じるため、各々、自分は正しいことを考えていて、正しいことを主張していると思っていても、さらにズレが広がるばかりで、結果的に相手を責めるような状態になりやすいのです。

認知のフィルターがあることを前提にする

事実に対する認知のズレをなくすには、相手がどのように考えているかを傾聴して、自分との違いがある場合は、それをちゃんと共有する必要があります。前述したように、相手の話を相手の立場になって理解しようとするのが傾聴です。

私たちは、ついつい自分の認知のフィルターを通して聞いて、自分が認知したいことだけを認知して終わりにしがちです。この認知のフィルターというのは、自分だけに都合がいいもので、常に選択的な認知を行い、自分に有利になるような物事の捉え方をし続けています。その結果生じる歪みをお互いに修正し合うのが、私たちにコミュニケーションが必要な大きな理由なのでしょう。

残念ながら、私たちは自分のフィルターを通してしか、相手の話を聞くことができませんが、そのことを念頭に置いておくことが大切です。なぜなら、自分は自分が聞きたいようにしか相手の話を聞いていないことを知っているのと、そのことを知らずに相手の話を理解している気になってコミュニケーションを取るのとでは、大きな違いがあるからです。

前者は注意深く話を聞く姿勢を保って、相手の発言をフィードバックしたり質問をしたりして理解に努めます。いっぽう、後者は簡単に理解できると考えているため、聞き逃すことが多くなり、自分のフィルターにかかったものだけしか得ることができません。

傾聴トレーニングをする

成功習慣について書かれた世界的大ベストセラー『7つの習慣』著者のスティーブン・R・コヴィー氏が来日されたとき、直接本人に、「『7つの習慣』がない相手とは、どのようにコミュニケーションをしたらいいか」と質問したところ、コヴィー氏は繰り返し「忍耐強く傾聴すること」と教えてくれました。繰り返し聞くことで、自分の中にある認知のフィルターが外れやすくなるからだと思います。

傾聴の注意点としてよく挙げられるのが、**「相手の話を聞きながら、自分が話したいことを思い浮かべるのではなく、まずは相手の話をしっかり聞いて隅々まで理解をする」**ということです。

仮に相手が間違っていることを言っていても、それを納得する必要はありませんが、相手がどのような経緯や背景でその発言をしているのか、ということについて汲み取ろうとする姿勢は必要です。その際、相手の発言をそのままオウム返しにしたり、相手の表情や仕草を真似たりすることが、意外と理解を深めるのに役立ちます。これは非言語コミュニケーションと言いますが、なぜ理解に役立つかというと、私たちは物事を捉えるとき、脳だけではなくて体全体で捉えているからです。**相手を真似ると、自分の中の身体感覚や経験とつながって、急に理解できることがあるのです。**

コロナ禍になって、オンラインのコミュニケーションが増えていますが、リアルな対面コミュニケーションと違って、意思の疎通を図るのが難しいと感じている人もいるでしょう。それは、私たちが相手の発言をオウム返ししたり、表情や仕草を真似たりするという非言語コミュニケーションの部分が削ぎ取られているせいです。このこともまた、念頭に置いておくのとおかないのでは、違いが生まれるでしょう。

オンラインのコミュニケーションが増えたとはいえ、私たちは毎日ありとあらゆる場所でコミュニケーションをしているので、傾聴のトレーニングはいくらでもできます。家族との会話や、友達とのメールのやり取りでも、傾聴ということを意識して捉えてみると、新たな気づきや発見があると思います。

第3章

メンタルブロックを外そう
──コントロール思考の知見

13 人生最大の利益を生む「時間割引率」のコントロール

私の信条でもあり、これさえできればだいたいのことは幸せになれる、と思っているのが時間割引率をマスターすることです。時間割引率は経済学や行動経済学で用いられる概念で、**将来のよりよいことのために今の欲望をいかに我慢するか**、という指標のことです。

例えば、今十万円をもらうのと、一年後に十万千円をもらうのと、どっちがいいか、と聞かれたとき、多くの人が「今の十万円」を選ぶ傾向にあります。これは、私たちには、先々に手に入る報酬を、今すぐ手に入る報酬よりも低く評価する心理作用が働くためです。本当は、今の十万円より一年後の十万千円のほうが一％上乗せされて多いのに、一年という時間を考えると価値が低下して、十万円と十万千円が同等の価値に感じてしまいます。この選択を時間割引率が高いと言い、割引率が高いから手元に残るものが少なく、将来の利益につながりません。

逆に、「一年後の十万千円」を選ぶことを時間割引率が低いと言います。割引率が低いから手元に残るものが多く、低ければ低いほど、お金が貯まります。割引率が低い選択をする人はギャンブルにはまったり、消費者金融で借金をしたりするなど、将来の自分を苦しめる行動はしません。お金だけではなく、健康面でも時間割引率が低い選択をすると健康寿命の延長につながります。

例えば、喫煙や飲酒は体に悪いからしない。足腰や心肺機能を鍛えるためによく歩いて、駅ではエスカレーターやエレベーターを使わないで階段を使うなど。ところが、時間割引率が高くなると、体に悪いとわかっていながら今の多幸感を選んで喫煙や飲酒をする。今楽をしたくて、車やエスカレーターを使うなど。私たちは加齢に伴い、様々な体力的な能力が衰えていきます。その衰えは、時間割引率が低い選択を持続することで補うことができます。**目の前の選択を将来の投資として考えて、その投資が将来花開いて大きなリターンになることをいつも期待して行動するイメージです。**

仕事の選び方に関しては、今いる業界が斜陽だということに気づいたら、早期に転職先を探して脱出することが時間割引率が低い行動です。しかし、多くの人がギリギリまで居続けて、どうにも立ち行かなくなったときに初めて転職先を探す、という時間割引率が高い行動をするので出遅れるわけです。それまでに築いたキャリアや地位にしがみつき続けようとすると、しっぺ返しが五年後、十年後に必ずやってきます。

時間割引率を下げるカギは意志に頼らないこと

私は、近年のさまざまな社会的な実験で、意志の力は有限でアテにならないことがわかったのは、大きな発見だと思っています。時間割引率を低くするにも、自分の意志をまったく信用しないか、意志の力を使うにしても最小限にすることが重要です。

時間割引率を下げるためには、目の前の誘惑から逃れる必要がありますが、そのときいちいち意志の力を使っていると心が疲弊します。そしてたいていは途中で意志の力が途切れて、誘惑に負けてしまいます。そうならずに時間割引率を下げるには、環境を整えることがポイントです。

マシュマロ実験という、時間割引率が低い心の状態＝自制心に関するアメリカの有名な心理実験があります。これは四歳の子どもにマシュマロを一個与えて、十五分間食べるのを我慢したら、もう一個与えられる、という実験で、約二百人の子どもを対象に行ったところ、三分の一の子が我慢できました。そして、その子たちは十数年後も自制心を持続していて、周囲より優秀な成績を収めていることがわかりました。

実はこの実験には後日談があり、対象を変えて再実験したところ、そんなきれいな結果は得られなかったのです。なぜかと言うと、最初の実験はスタンフォード大学の付属の保育施設に通う、とても恵まれた家庭の子どもだけを対象にしていて、余裕があることを前提にした子どもたちだったからです。実際に子どもたちの自制心を左右する要因は、子ども自身の性格よりも、家庭の経済的な余裕や、親の時間や気持ちの余裕のほうが大きいのです。

もし、マシュマロを普段もらえない、あるいは我慢したら二個もらえるということが常に嘘であるような家庭環境で育っていたら、一個もらった段階で食べてしまうのが自然で賢明な選択になります。親がいつも約束を守らないタイプだったら、子どもは食べるのを我慢したら二個あげる、と言われても信じなくて当然です。これまでの経験から、一個もらったらすぐに食べることを選ぶのです。

つまり、時間割引率を下げたくても、環境がそれを許してくれない場合がある、ということです。環境を変えない限り、時間割引率はそう簡単に低くできないからこそ、**どういう環境であれば、時間割引率が下がるか、という整備が重要**なのです。

やめたいものは家に置かない、近づかない

世の中はありとあらゆる誘惑であふれています。依存性があるものといえばタバコ、お酒、お菓子、ネット、ゲームなどなど。やめたいものは、自宅に置かないようにしましょう。最近では、私はこのリストに携帯電話も加えて、スマホは家でも、外でも、手に届きにくい場所にしか置かず、隙間時間は読書や考え事をするようにしています。**意志の力を使わなくても自分の時間割引率を下げる環境を整えて、意志の力を使わずとも自然にすべての時間割引率が下がるように設計をしていく**わけです。

私は健康のために極力、コーヒーや緑茶などのカフェイン飲料を摂らないカフェインフリーと、砂糖と砂糖を含む食品や調味料を摂らないシュガーフリーを実践しています。どうやって実践し続けているかというと、家にカフェイン飲料も砂糖も置かないようにしている、という環境が大きな要因です。

私は特に時間割引率が低いタイプではないため、それは環境整備がなせる業なのです。また、冬になって寒くなると、どうしても外出するのが苦になって運動不足に陥りがちです。それだと時間割引率が上がるので、ダウンジャケットや電熱ベストなど

様々な防寒具を用意して外出する気になりやすくしています。また、自宅も必ず階段で下りられる低層にしか住みません。

そうやって、家では時間割引率が下がらざるを得ない環境を整えて、その状態に徐々に自分を慣れさせていく、というやり方がお勧めです。駅の階段を上る環境づくりは、さすがにエスカレーターやエレベーターをなくすことはできないので、トレーニングだと割り切るしかないかもしれません。そう言うと、結局は気持ちの問題？と言われそうですが、生まれつき、時間割引率が低い人は一人もいません。スタートラインはみんな一緒で、お腹が空いたら泣く、眠くても泣く、おしめが濡れても泣く、という今の欲望を満たすことしか考えられない状態でした。

つまり、時間割引率を下げるのはある意味欲望や本能との闘いだから容易《たやす》くなく、環境の力を借りるなどの工夫が必要なのです。

加えて、次の三つのことを念頭に置いておくのがお勧めです。

1　時間割引率がもっとも高いとき＝欲望や本能にもっとも負けやすいのは、今この瞬間

目の前においしそうなご飯やお菓子を出されたら、誰だってつい手が伸びます。目の前に出されて見た瞬間に、欲望が暴走するのです。そうなったら食べるのを拒否するのはほぼ不可能です。ただそこで、人というのは目の前の誘惑に逆らえないことを知っていると、スパークに翻弄されちゃダメだぞ、というふうに自分にブレーキをかけることができ、冷静さを取り戻して回避しやすくなります。

2　一度時間割引率を下げて報酬を得ると、その報酬がまた欲しくて自動的に下げ続ける

例えば、運動習慣を身につけるとき。最初はサボりがちでも、徐々に体重や体脂肪が減ると嬉しくなって、やる気が出ます。周囲の人から「痩せたんじゃない？」「スリムになったね」と褒められたら、ますますやる気になって、運動するのが好きになるものです。その嬉しさや褒め言葉が報酬で、報酬を得る喜びやメリットを一度体験すると、また欲しくなるため進んで運動したくなるわけです。だから、まず一度、報酬を得る体験をすること。体験したもん勝ちです。常に、今この時間の使い方が将来どんな報酬になって戻ってくるのか、とイメージしていると、様々な報酬を増やせます。

3　できるだけ余裕を持つ

私たちは焦ると必ず時間割引率が高い決定を下します。そうならないために、常に余裕を持っておくことが必要です。時間割引率が高い選択をしがちな人は常に時間がない、お金がないなど、あらゆる余裕がない可能性が高いでしょう。それでは、将来

の報酬をイメージできなくて当然です。まずは改善しやすいことから見直して、少しずつ余裕を増やしていってください。五百円玉貯金をする、十五分前行動をする、毎食野菜を食べるなどの小さな改善でよくて、その積み重ねが自信になってより大きな改善行動につながり、先々のことを考える余裕が生まれます。その結果、時間割引率を下げる行動につながります。

もちろん、将来の幸せのために今の幸せを大きく犠牲にする必要はありません。シュガーフリーやカフェインフリーを実践していても、友達と会うときはケーキを食べたりミルクティーも飲んだりして、その時間を最大限に楽しみます。大事なのはそのバランスで、現在の幸せをある程度享受しながら、将来の幸せにも投資できる状態を保つことです。

また、時間割引率を引き下げること自体を目標にしないように気をつけましょう。時間割引率を低くするという楽しさにハマってしまうと、時間割引率が高い人を敬遠したり、外食ができなくなるなどの弊害が起きたりすることがあります。そんなときに思い出してほしいのが、**将来の幸せのために今の幸せを犠牲にしてまで時間割引率を下げるのは本末転倒**、ということです。もしかしたら、今を犠牲にすることで将来の幸せが大きくなる場合があるのかもしれませんが、私は賢いやり方とは思えません。

14

問題解決は泥臭く、ジタバタするのが正解

私がこれまでの様々なビジネスキャリアの中で本当にありがたいと思ったのが、六年勤めたマッキンゼーで徹底的に問題解決能力を身につけられたことです。

問題解決というと、ロジックツリーやMECE（ミーシー）、Why五回などのフレームワークが有名で、実践している人も多いでしょう。

それを承知の上で、私は問題解決には泥臭く、**①こうすると的確に問題を解決できるだろう、という「定義」をし、②それに必要な情報収集をして、もっとも確からしい仮の解決法＝「仮説」を手に入れ、③一つずつ実践して「検証」していく、**という三つを繰り返すことだと思っています。これによって、問題解決に必要不可欠な思考力が養われます。思考力がなければ、どんなに優れたフレームワークも生かしきれませ

ん。これはビジネス上の問題だけではなく、何度やってもダイエットに失敗する、片付けができない、資格試験に受からない、希望する会社に転職できない、収入が上がらない、離婚や子どもの問題など、あらゆる問題の解決に有効な方法です。

実践と検証をしながら最適解を見つける

定義→仮説→検証のやり方を、ダイエットを例にして説明します。過去の失敗談や収集した情報から、単に体重を減らすとすると筋肉まで減ってリバウンドするとわかったから、体脂肪率を標準値以下まで減らす、と定義します。そのためには、食べる量を減らすだけではダメで質を改める必要があり、筋肉量を増やすために筋トレをするといい、寝不足になると食欲が増すホルモンが分泌されるから睡眠もしっかりとったほうがいいなど、仮説を手に入れます。そして、効果が高そうなものから順に、実践して検証していくわけです。

問題解決において何より大事なことは、定義に対する仮の解決法＝仮説をたくさん立てることです。最初から、一つに絞ろうとしてはいけません。仮説にはＧｏｏｇｌｅやＹｏｕＴｕｂｅなどを検索して無料で得られるものから、書籍やセミナー、コーチングなどの有料のもの、独自に編み出したオリジナルも含みます。

それらを一つずつ実践と検証をしながら、自分にとっての最適解を見つけていくのですが、なかなか見つからなくても焦る必要はありません。なぜなら、**ジタバタと試行錯誤している間に、解決のヒントを得られて答えの輪郭が徐々に見えてくる**からです。できるだけ早い段階でピタッとハマる答えを見つけたくなるものですが、試行錯誤の工程を惜しまないことが、定義→仮説→検証の経験値を上げげて、問題解決能力を高めるカギです。どんな問題が降りかかってきても、何とかなるさと鷹揚に構える力がついて、軽々と新しいことに挑むチャレンジ精神も養われます。

仮説の数は、三個だと少なくて、五個で合格点、十個あると十分というイメージです。それを効果が高そうなものから順に試すとき、たとえしっかりとした根拠がない仮説だとしても、とりあえず正解の可能性がゼロではないと信じて検証を進めます。

これをマッキンゼーで教わったとき、しっかりした根拠がなくても進めるんだ!?と驚きましたが、これはリアルオプションという考え方です。仮説を検証しながら、ほかの仮説についての情報も入手していく、と考えます。仮にその仮説が間違っていたら、その正反対により良い仮説があるということがわかるので、反対方向に進むことができます。そうした方向転換は遠回りで、せっかく進んでいた検証が振り出しに戻るような感覚になるでしょう。しかし、急がば回れで、**検証のプロセスにおいて間違いはつきもので、百八十度方向転換してもいい、と許容することが肝要**です。

私たちの学習の仕方は、基本的には失敗に基づく消去法です。ありとあらゆる選択肢を試行錯誤しながら試して、失敗を消していくうちに最後に成功が残り、そこでやっと、これが答えだとわかります。この仕組みを理解していれば、問題解決のためには失敗がつきものどころか、失敗しないと抜本的な解決策を得られないことがわかるでしょう。失敗を恐れていたら、一つも問題解決できないのです。

問題解決の着手は急ぐが、むやみに結果を急がない

問題解決のポイントは、問題の予兆を感じたら仮説を立てて検証を始め、時間の経過と共にその問題がどう変化するか、という観察を習慣化することです。問題解決で一番よくないのは、**問題の予兆を感じたにもかかわらず、放置することで問題が大きくなっていくこと**です。すると、問題がガン細胞のように広がって、私たちの気持ちや頭のワーキングメモリーを侵食してしまいます。そうならないために、問題の予兆に気づいたらできるだけ早く仮説を立てて、検証を始めましょう。

ただし、繰り返しますが、解決を急いではいけません。気持ちははやりますが、どんな問題も、解決には問題化するに至った年数の三分の一から半分は時間がかかるものと思って間違いありません。状況が急に変わることはないものだと思いましょう。なぜ焦ることがよくないかというと、問題解決の大敵である、視野狭窄を招きやすくなるからです。そうならないように少しずつ仮説検証をしては様子を見、見落としているこことがないか確認しながら、前に進んでいきます。早期に問題を解決しようとすると、謎のダイエットサプリメントや謎のセミナーなどに引っかかりやすくなるので注意が必要です。

また、問題解決に着手するとその問題ばかり考えがちですが、**人生というのは良くも悪くも問題の連続であり、問題解決の連続です。**一つの問題だけに過集中すると、ほかの問題が見えなくなってしまうので、問題解決に着手したらその先は時間の経過に任せて、次の問題に着手する、というサイクルをつくってください。**着手したことは、Google Keepなどにメモしておくと、気持ちやワーキングメモリーからいったん追い出せるのでお勧めです。**追い出すけれど、ちゃんと潜在意識の片隅に置かれるので、日常生活の中で解決のヒントを見つけたときはちゃんと反応できます。

見つけた問題はできるだけ早く解決しないとストレスになる、という人が多いと思いますが、生きている限り問題がなくなることはありません。問題と同居する状況に慣れて、イライラしない心がけも必要です。問題解決に着手した以上、少しずつ解決に向けて進んでいる、ベクトルが上向きであると信じましょう。

どうしても問題が悪い方向に向かうことを懸念しがちですが、ほとんどの問題はすでに悪い方向にあるから問題になっているわけです。そこからより悪い方向に向かう可能性より、いい方向に向かう可能性のほうが上です。まれに、悪い方向に向かうときもありますが、それも答えに一歩近づいた証ですから、もう一度仮説を立て直して検証すればいいのです。落ち込んだり、後悔したりする対象にはなり得ません。

問題解決を放棄すると、現状認識が歪む

私たちは簡単に解決できる問題は、毎日いくつも解いています。その日の天気を見て最適な服装や持ち物を決めるのも問題解決の一つですし、物事の優先順位を決めて何から手をつけていくといいか、と考えるのも問題解決の一つです。そうした簡単に解決できる問題は、問題として残っていません。

問題として残っているものは、何らかの形で特別なリソースを、すなわち時間やお

金をつぎ込む必要がありますが、すぐに解決できそうにない問題に当たると、私たちは問題そのものをなかったことにしたがります。ダイエットや片付け、人間関係といった繰り返しやすい問題に限らず、コロナ禍になって初めて直面した問題に対しても、問題そのものをなかったことにしてはいないでしょうか。

収入減少やリストラの不安など、思いもよらない問題に当たったら動揺して当然です。でも、大きな問題ほど、できるだけ早く正面から向き合って、やるべきことを見つけて行動に移さなければなりません。それをせずに放置して、政府や医療機関が解決してくれるのを待つ、というのも問題解決能力の放棄だと思います。そして**問題がある現状を正当化するようになって、現状認識がどんどん歪んでいくのです。**

得てして、人生というのはできるだけ問題がなくて順風満帆に進むのが理想で、日々の生活は問題がないほうがスムーズでいい、と思うものでしょう。しかし、問題があるからこそ生活に変化が生まれて、違う毎日を楽しむことができるのです。そして、試行錯誤しながら問題を解決していくことで自分自身が成長でき、それを実感する喜びも生まれます。

解決するのが大変そうだと思って避けていた問題ほど、勇気を持って仮説と検証に当たると、意外とあっけなく解決する、ということはしばしばあることです。

15 タイムマネジメント能力を磨いて自己効力感を上げる

一日の稼働時間は、睡眠時間の七〜八時間分を引くと約千分になります。一カ月だと約三万分で、一年だと約三十六万分です。よりリアルに時間の価値をイメージしやすくするために、お金に置き換えます。すなわち、一分一円、一時間六十円、一日千円、一カ月三万円、一年三十六万円。このお金をどうやって使うかということを考えるのがタイムマネジメントです。

例えば、一時間ぐらい人に会う日は持っている千円から六十円使うことになります。一日八時間仕事をして、通勤が片道一時間だとすると、千円から六百円を引いた四百円をどう割り振って使うか、ということを考えなければいけません。こうやってお金に置き換えて考えると、平日に自由に使えるのは四百円だけだから、十円（十分）でも二十円（二十分）でも無駄遣いしないようにしよう、と思えるでしょう。

買い物をするとき、WEBでも実店舗でもあちこち見て迷いがちですが、三十分以上かけるのはもったいない気がしてきます。また、テレビやネットサーフィン、配信動画にハマって毎日何時間も見る人は「時間が余って仕方ない人」ということになります。**自分の時間を何に使おうと自由なのですが、有意義に使いたいのなら、それに時間を使って十分な見返りがあったと思えるかどうか**、だと思います。

もし、ブラック企業やパワハラ上司の下で不本意な気持ちで働いていたら、日々の稼働時間の約半分を無駄遣いしていることになります。とても健全な状態とは言えません。そして憂さを晴らすためにお酒を飲めば、さらに時間がなくなります。お酒は飲むと食事の時間が長くなり、酔うと本来できることが何もできなくなる〝時間泥棒〟だからです。肝臓をはじめ様々な内臓にダメージを与えることも踏まえると、十分な見返りがあるとは言えません。

ポジティブな生き方につながる時間の使い方

時間当たりの生産性を上げるカギは、仕事においてもプライベートにおいても、テクノロジーです。**パソコンを処理スピードが速い最新型にする、調理家電やロボット掃除機を使うなど、同じ結果を出すのであれば、楽をして時短になることは美徳です。**

例えばすごく細かいことですが、私が愛用しているウォーターオーブンのヘルシオが最新型になったとき、AI機能というボタンが加わって、ヘビロテで使うメニューから表示されるようになりました。それまで、メニュー検索から四つぐらいボタンを押す必要がありましたが、半分の二つぐらいで済むようになりました。

たかがその程度のことか、と思うかもしれませんが、快適性は格段に上がり、毎日の生活の中で積み重なっていくと結構な時間の差を生みます。同じ成果が出るのであれば、短時間で済ませるに越したことはありません。

さらに、時間を有意義に使うには、**時間を能動的に使っている、と実感できることに絞る**のがポイントです。映画やドラマのような娯楽をたまに見る分には問題ありませんが、毎日一、二時間使うとなると受動的すぎると考えます。同じ気分転換でも、能動的に行う読書や運動のほうが有意義な時間になるでしょう。

食事も、外食をしに行って料理が出てくるのをただ待つのではなく、自分で食材を揃えて自炊をしたほうが能動的な時間の使い方になります。仕事も同じで、やらされ仕事と思うより、能動的に関われることを見つけてやる時間が長いほど、達成感が増します。その達成感とは自己効力感のことで、能動的な時間の使い方をすればするほど、自信になるわけです。よく、ポジティブに生きようと言われますが、こうした能動的＝ポジティブな時間の使い方の結果、そうなるものだと思っています。

時間にルーズな人がいると時間を搾取される

能動的に使う時間は、あらかじめスケジュールに組み込んで天引きするのがお勧めです。余った時間は好きに使ってOKです。**やるべきことをやった後の時間は好きに使って構わない、という習慣をつけると、自ずと優先順位が高いことから順に時間を使うようになります。**するとに当然、優先順位が低いものが切り捨てられます。優先順位が低いものとは、自分がこうなりたいと願う目標や幸せのかたちとは縁遠いものです。一つでも、二つでも切り捨てることで、理想に近づきます。

私たちの体力も気力も限界があります。せっかく時間を切り詰めたのに、体力や気力が残っていなかったら本末転倒です。その意味でも、優先順位が高い順に時間を使ったほうが無駄がありません。ただし、くれぐれも、無駄をなくすことに夢中になって、時間の短縮や効率化そのものが目的にならないようにします。**タイムマネジ**

メントの目的は、あくまでも能動的に使う時間をいかに増やすか、です。

そして、自分一人で過ごす時間を見直せたら、誰と時間を過ごすか、ということも見直してください。すっかりオンライン会議が定着しましたが、びっくりするぐらい終了時間を決めずに進める人がいて驚きます。そういう時間にルーズな人はリアルな会議でもお構いなしなのでしょうが、その場合、私は○時までは参加するけれど、それ以降は抜けます、ということをあらかじめ伝えます。そして実際、その時間になったら退出するようにしています。

あらかじめ伝えておけば、マナー違反にはなりません。もし許容できない相手であれば、その人とはもう会議をしない、というぐらいの気持ちでいます。そうしないと、私の大事な時間が搾取され続けてしまうからです。仕事だから仕方ない、という考え方はしません。待ち合わせによく遅刻する人とは付き合いたくない、と考えるのとまったく同じです。

結局、時間にルーズな人は、自分の時間を大切に使っていないわけです。そういう人が身近にいると巻き込まれて、自分の時間も無駄遣いされてしまいます。友人や仕事仲間を選ぶとき、考え方や価値観、性格などを基準にすると思いますが、時間を大切にする人かどうか、ということもぜひ基準に加えてください。そうすれば、時間にルーズな人との付き合いを避けられて、時間を大切に使う人に囲まれて暮らすことができます。もちろん、余裕があるときはまったりとした時間を過ごしても構いませんが、イライラしたり、不愉快な気持ちを味わってまで我慢する必要はありません。

時間を無駄遣いする人を自分から遠ざけて、自分をストレスにさらす状態から救い出す。人付き合いにおいては、この二点を念頭に置くと同時に、自分が一緒に過ごしたい人との時間を積極的に増やすことを意識してください。一緒にいたいと思う人といれば、それだけで自己効力感は上がり、生産性も上がります。逆もまた然りです。

こうなりたいと願う目標や幸せのかたちに近づくには、まずは自分から動くことが重要です。理想を叶えてくれる誰かを待っていても日が暮れるだけで、それこそ時間の無駄です。日々の時間を管理するタイムマネジメントは、生き方の哲学やポリシーそのもので、自分の時間を大事にすることは、自分自身を大事にすることとイコールだと思います。

16 感情はコントロールでなく、マネジメントする

私たちは日々の生活の中で、いつも感情に振り回されています。特に、怒りや悲しみ、妬みといったネガティブな感情をより強く感じやすい傾向があり、どうしたらネガティブな感情を表に出さずにうまく振る舞うことができるか、ということに腐心しています。ネガティブな感情がなければ、もっと合理的で理性的な判断ができるのに、と思いたくなることも少なくないでしょう。しかし、もし本当に失ってしまったら、怒りから解放されると同時に喜びも失って、生活のハリがなくなってしまいます。

怒りは〝悪い感情〟として扱われがちですが、怒りというのは、反発や反撃などの行動を起こさなければ状況が悪化することを知らせるシグナルでもあるので、なくなっては困るのです。なくなればいいのに、と思いながら、ネガティブな感情からも

生きている実感を得ているのは事実です。その証拠に、ホラー映画を見たりお化け屋敷に入ったりジェットコースターに乗ったりなど、わざわざお金を払ってまで怖いという感情を買いに行っています。つまり、**ポジティブでもネガティブでも、私たちは感情が動くということに原始的な快楽を感じる**のです。

ただ、私たちは感情を百％把握して理解することはできません。感情は次々にわき上がるもので、それらをすべて把握するのは不可能です。理解するための言語化も追いつきません。それを無理やりコントロールしようとするのが、私たちがおかしがちな誤りです。感情はコントロールするものではなく、マネジメントするものなのです。

感情をマネジメントする四ステップ

感情のマネジメントにおいてキーワードになるのが、「エモーショナル・アジリティ（感情の敏捷性）」です。これは、わき上がってくる感情をもう一人の自分の目で客観的に捉えて、主観とうまく調整しながら変化させ、物事に対応していくことを意味します。反対語は「エモーショナル・リジリティ（感情の硬直性）」で、こうあるべきという固執した主観に囚われて、感情を客観的に捉えられずに自分を追い込むことになります。

『EA ハーバード流こころのマネジメント 予測不能の人生を思い通りに生きる方法』(スーザン・デイビッド著、須川綾子訳、ダイヤモンド社)によると、前者のエモーショナル・アジリティを高めるために必要なことは、次の四ステップになります。

①向き合う
②距離を置く
③理由を考えながら歩む
④前進する

感情マネジメントに私たちが必要なことは何かというと、まず自分が感じているそのときの気持ちを正直に把握して、①「向き合う」ことです。感情に良いものも悪いものもありません。私たちは大人になるにつれて感情の扱い方を覚えるものですが、無理にコントロールしようとするあまり、自分の本心がわからなくなったり、感情をうまく表せなくなったりして、心や体のバランスを崩すことがあります。自分が感じている感情と表に出した感情があまりに違うと、ストレスを感じるせいです。

そうした問題をなくすのに役立つのが、日記やブログをつけることです。その日起きた出来事に対して、自分はどのように感じたのだろう、と客観的に捉えることができます。書き出さなくても、普段の生活の中で自分と会話する習慣を持つだけでも効果があると思います。**今、自分はどのようなことを感じていて、それはどこからもたらされているのだろう、などと常に自問自答する**イメージです。

自分の感情を客観的に捉えられるようになることは、いわゆるいじめの対策にもなります。いじめのターゲットにならない方法として、いじめられたときに怒りを言葉にして相手に伝えることが、有効な反撃になると言われます。おどおどしたまま受け入れてしまったり、泣き叫んだりすると、相手は嗜虐性を楽しんでしまいますが、怒りを言葉にされると動揺し、痛い目にあったと学習するため、いじめのターゲットにしなくなるからです。

感情と向き合った上で、②「距離を置く」とはどういうことかと言うと、**自分がなぜそのような感情を持ったのか、ということについて、自分の言葉で自分に説明をしてあげる**ことです。例えば、会社の部下やパートナーに対して不満を抱いたとき。なぜ自分は不満に思ったのだろう、と自問して、部下の服装がカジュアルすぎて会社にふさわしくないように思えたとか、パートナーが家事分担をサボったなど、言葉で表すと、意外と大したことではないと気づけます。と同時に、自分があまりにも小さい視点になっていたことにも気づけるのです。

そして③「理由を考えながら歩む」とは、**自分が本当にしたいことは何か、ということを基軸にして考える**ことです。どうしても私たちは自分の感情を把握する前に、周囲の集団の感情や世間の常識といったものに流されやすい生き物です。そうならないために、自分がしたいことは本当にこれか、本当は何をしたいのか、ということを基軸にして考えるのです。そうすると、周囲に流されにくくなって、自分の感情を把握しやすくなります。

中長期的な目標があると周囲に流されにくくなりますが、それは目標のために優先順位がつけられて、その順位に基づいて自分はどのような感情を選択すればいいか、ということを無意識の中で作り上げるからです。特に目標がなければ、自分は心の中で何を大事にしているのか、ということを感じ取るだけでも、どこから感情がわき上がってくるのかをモニタリングしやすくなるため、正しい感情の把握につながるでしょう。

④「前進する」とは、**自分が望ましい感情を抱くためにどのような工夫ができるか、あるいは、どんな環境なら好ましい感情を抱きやすいか、を考えて整える**ことです。

私たちは自分の感情をコントロールできないものの、感情は思っているよりも環境に左右されます。例えば、ダイエットを成功させたいと思うなら、家にお菓子を置かない。フラれた相手のことを忘れて新しい恋をしたいなら、その人の写真やもらったものを処分する。そうやって、目の前から〝誘惑〟を取り除いて望ましい環境を整えることで、自分が発揮したい感情を自然に誘発できるようになるのです。

こうして目標を達成して中長期的な幸せを獲得していくことを考えると、ドラッグやアルコール、砂糖のような、なんの努力をしなくても幸福感を得られるものはいかに危険をはらんでいるか、ということを想像しやすくなるでしょう。それらは中長期的な幸せを犠牲にして、一時的な幸せをお金で買っているに過ぎません。また、その幸福感は物質がもたらす偽の感情で、本物の感情ではありません。はまればはまるほど、本当になりたい自分から遠ざかることになるのは明らかです。

17 ネガティブ思考を否定しない

怒りや悲しみ、妬みなどのネガティブな思考を抱いたとき、どうして自分はポジティブになれないのかと自己嫌悪に陥りがちです。しかし、私たちは常にネガティブな思考を持っていて、それに振り回されるのが当然ということを理解して、認める必要があります。

なぜ、ネガティブ思考が浮かぶかと言うと、私たちによりよく生きるための情報を与えてくれているからです。もし、私たちが嬉しい、楽しいといったポジティブ思考しか浮かばなかったら、注意力や緊張感が欠如して、重大な問題や人を騙す人、危険な目などから自分を守ることができません。だから、ネガティブ思考を無理やり封じ込める必要はなく、かといって悲劇の主人公になってリフレインするのでもなく、**き**

ちんと認めて、自分の日常や将来につなげる学習材料にすることが重要なのです。

『ネガティブな感情が成功を呼ぶ』（ロバート・ビスワス＝ディナー、トッド・カシュダン著、高橋由紀子訳、草思社）などの心理学系の本を読むと、私たちがもっとも生きやすいのは、ポジティブ思考百％ではなく、ポジティブ思考八十％、ネガティブ思考二十％ぐらいの割合が好ましい、という研究結果が出ています。これはホールネスという概念に基づいていて、**自分を偽らずにありのままの状態でいたほうが人間味が呼び起こされて、人間関係がより豊かになって生き生きと過ごせるようになる、**という考え方です。

例えば、キャリアや老後の生活について不安を持っている人が多いと思いますが、不安になること自体は非常に健全です。そうした不安があるからこそ、私たちはしっかりキャリアを積んで、老後に備えようとするからです。不安な思いを抱くからこそ、相手の不安に対して理解と同調ができ、何かしてあげられることはあるか、ということも真剣に考えられるようになれます。

また、大勢の人の前に出るプレゼンやスピーチを任せられると緊張するものですが、それは自分の実力以上のものを示そうと気合が入るためです。私たちは、自分の実力よりも高い自己像を持っているので、その自己像が脅かされそうになると緊張し、それを誰かに脅かされると怒りを覚えます。だからもし緊張したら、自分を大きく見せようとしていることを自覚し、ありのままの自分でちゃんと活躍できる、相手にも認めてもらえるんだ、と自分に言い聞かせます。そうすれば、緊張が収まって、誰かに怒りを覚えることもありません。こうして自分を偽らないようにすると、不安や緊張というネガティブ思考をよりよく生きるための行動のガイダンスにできるのです。

怒りの爆発には要注意

ネガティブ思考を行動のガイダンスにする際に、取り扱いに注意したいのは怒りです。怒りというのは、私たちに何かしらの特別な行動を促すガイダンスですが、怒りを爆発させると人間関係が悪くなり、社会生活を営みにくくなります。だからといって、すべてを飲み込むとストレスが溜まって、心身の不調につながります。怒りすぎてもいけないし、飲み込みすぎてもいけない。一体どうすればいいのかと迷うところですが、まずは怒りの爆発を引き起こす原因を理解することが大事だと思います。

怒りの爆発の引き金になる原因の一つが、「べき」論です。例えば、芸能人が不祥事を起こすとバッシングが始まりますが、それは「芸能人はセレブリティで、一般人のロールモデルであるべき」というべき論から外れたためです。直接的に被害をこうむったわけではまったくないのに、普段から会社や家庭などに不平不満を持っている人たちがべき論を理由に怒り、攻撃して憂さ晴らしをします。

また、レストランやカフェに入ったとき、自分より後に入った人が先に案内されたり、自分よりも後に注文した人の食事が先に出たりするときも動揺して、怒りを覚えます。それも「先着順であるべき」というべき論から外れたからです。

私たちは常に暗黙の了解として様々な秩序やルールを想定していて、その秩序やルールが満たされないで、想定外のことが起きてギャップが生じると動揺し、怒りを覚えたり相手に敵意を持ったりしてしまいます。特に、**自分以外の人が原因で動揺させられると、相手が悪いことにしないと気持ちが済まない**のです。

よく、凶悪な犯罪が起きたとき、加害者が悪いのはもちろんですが、被害者にも非がある、と多くの人が考える傾向にあります。それはなぜかと言うと、「非がない人が被害者になるのであれば、自分も非がないのに被害者になる可能性がある」ということを認めたくないからです。これを「公正世界仮説」と呼びますが、決して世界はいつも公正ではないのです。

従って、怒りを覚えたとき、いったい自分は何に対してギャップを感じて、想定していたことが裏切られたと感じているのだろう、と考えることが重要です。そして、それは不必要なこだわりや囚われではないか、という視点で見つめてみてください。怒りの爆発を防いで良好な人間関係を維持したいと思うなら、「自分がこだわっているもの、囚われているものは幻かもしれない」と客観的に見ることが必要です。

不要で幻だと判断すれば、そのこだわりも囚われも緩和していきましょう。その結果、怒りを感じても爆発しなくなります。もし爆発してしまったら、日記やブログに書いて言語化し、自分を客観的に観察しましょう。すると何にギャップを感じたのかが明らかになって、同じことで怒りを爆発させることがなくなります。

仏教や禅、マインドフルネスなどで行う心のトレーニングは、ほとんどすべて、こだわりや囚われから自分をどうやって解放するか、という点で一致しています。もし、どうしても変えられないこだわりや囚われがあったら、それを刺激してくる人や環境からは距離を置くようにしましょう。

怒りを感じたら八秒待つ

アンガーマネジメントでは、怒りを感じたときはすぐに表に出さないで、八秒間、間を取りましょう、ということが推奨されています。その八秒間に怒っている対象や理由に関する情報を整理しながら、追加情報が入ってくるのを待つわけです。すると、その怒りが正当なもので相手に表明することが必要なのか、それとも、自分のこだわりや囚われのせいで生じたものだから相手に表明する必要はないのか、という判断をつけられます。

私が、アンガーマネジメントについて学んで一番勉強になったのは、**「正当な理由で怒りたいときは怒るけれども、怒っても怒らなくてもどっちでもいいものは、なるべく怒らないように傾ける」**という発想でした。前述したレストランの例のように、相手はプロフェッショナルなのに、それに即した行動をしてもらえないと、不満を感じて怒りますが、お店側に何か事情があるのかもしれませんし、私たちの期待が高すぎるだけなのかもしれません。別の言い方をすると、**自分の考え方は非常に狭くて偏っていると認識する**、ということです。それが無駄に怒りを爆発させずに、心を柔軟に保つコツだと思います。

18 メンタルブロックを外して自分の可能性を広げる

私たちは、良くも悪くも、思い込みのファンタジーの世界の中で生きています。新しいことに挑戦するとき、そこに壁があると思ってブレーキをかけがちですが、実際には何もなく、壁もまた思い込みの産物です。その壁がメンタルブロック（心の壁）で、厄介なのは意識的に作ったというより、これまでの様々な経験や周りからの助言によって、無意識のうちに自分で作り上げていることです。

なぜ私たちが様々なメンタルブロックを抱え続けるかというと、一番大きな要素は「自分を守るため」です。コンフォートゾーンといって、誰の中にも、この範囲であれば安全という地帯があります。コンフォートゾーンを一歩出ると、苦労が多いばかりか何もリターンがない、と勝手に思い込んで前に進まず、この中にいていいいんだ、と自分を安心させます。

コンフォートゾーンには、自分の認知に調和する情報しか入れようとしません。なるべく、認知的不協和を起こしたくないからです。例えば、お金持ちになりたいと思っていてもなれない場合は、「お金持ちになっている人たちは人を騙したり、ずるいことをしたりしているに決まっている。自分はずるくないからお金持ちになれないんだ」という論理にすり替えて、自分がお金持ちになれないことを正当化します。

コンフォートゾーンの外にはリスクもありますが、大きなリターンも存在します。

もし、誰かを羨んだり妬んだり、自分にはこれはできない、関係ない、などと思うことがあったら、「ひょっとして、この感覚はメンタルブロックではないか？」と自分に問いかけるようにしてください。そうすることで、自分の可能性を潰さずに広げることができます。メンタルブロックは、小さいころから積み重なった経験や情報で出来上がりますが、ほとんどすべてのメンタルブロックは外せるのです。

山のようにメンタルブロックを持っていた過去

私は中学や高校時代に数学や物理が得意だったにもかかわらず、その方面に進まなかったのは、年の離れた姉から「物理を習っても就職口がなくて、友達が苦労している」という話や、義兄から「SEの仕事は大変で待遇がすごく悪い」という話を聞かされていたため、数学や物理を学んでも将来はない、というメンタルブロックを作ってしまったからでした。十代の子というのは、信頼できる大人から言われたことは鵜呑みにして、自分の気持ちを安易に変えるものです。しかし当時の私が本当にすべきことは、数学や物理の方面に進んだら、本当に就職が大変で待遇が悪いのか、ということを調べることでした。

二十代のころも、メンタルブロックを山のように持っていました。例えば、結婚して子どもを産むのが一番の幸せ。離婚はしてはいけない。就職するなら一流と言われる大企業に入って、出世していくのがいい。自分のことは犠牲にしても、周りの人を不快にさせないように尽くすべき。家はなるべく早く買ったほうがいい。車を持っているのは当たり前。電化製品や家具などの耐久消費財を買うときには最大手にすれば安全、などなど。

これらは、私が二十代になるまでにした経験や得た情報がもとになっていて、その情報は家族や友人、メディアからの情報だけですから、当時の多くの人が当たり前に思っていたことだと思います。自分の当たり前に入らない外の世界は、「自分とは違う特別な人がいるところ」といった形で切り捨てていました。そんな頑ななメンタルブロックも、色々な本、特に三十代の前半に読み漁った神田昌典さんの本をきっかけにして、外していくことができました。『非常識な成功法則』(フォレスト出版)など、様々な具体例をもとに、どうやったらメンタルブロックを外せるか、ということを解説してくれたおかげです。

経験者の話を聞くと自分も外しやすくなる

私にとって、神田昌典さんの本は、メンタルブロックの外にある世界に連れていってくれる水先案内人でしたが、色々な人に会って話すことも、自分のメンタルブロックに気づくきっかけを与えてくれます。意外と、自分とは違うタイプの人と話していると、その人とのものの見方や考え方の違いから、ふいにメンタルブロックの存在に気づくことがあります。もちろん、自分と同じような価値観や年齢の人から、実際にメンタルブロックを外した経験を損得勘定抜きで聞けたら、最短・最速コースでメンタルブロックを外せるでしょう。

多くの人にとって、メンタルブロックを外すきっかけになるのは、**実際に外したこ**

とがある人の話を聞いて、「自分もほんの少し背伸びをすればそこに届くのだ」と自覚することとです。前述した通り、「就職するなら一流と言われる大企業に入って、出世していくのがいい」と思っていた私は、三十代前半ぐらいまでそれを実践していました。そこに、私が望むようなライフスタイルも収入もないと気づくのに十年以上かかったわけです。そのメンタルブロックを外せたのは、周囲に起業する人が多かったおかげです。

くれぐれも、メンタルブロックを外した人の経験を聞いて、「あの人は特別だから」「あの人は才能があるから」「何かズルをしているに違いない」と理由付けをして、自分のメンタルブロックの存在を正当化しないことです。そう思うのもメンタルブロックのせいで、過去に一度外してみようとしたけどうまくいかなかったなど、嫌な記憶が残っている可能性があります。この場合、外す、ではなく、少しずつ崩す、というイメージで、メンタルブロックの外の世界に小さくチャレンジするのが有効です。

例えば、友達に行ったことのないお店に誘われたら行く、新しくできたヨガ教室に興味を持ったら体験レッスンを受けてみる、など。オープンマインドという言葉がありますが、**あらゆることに対してオープンマインドになることがカギで、新しいことを知ったらとりあえずは試してみることにする**わけです。そして、自分の「当たり前」

がなんらかの形で破られて、メンタルブロックが外れることを期待する、と。そんなマインドを持つことをお勧めします。

〝壁の幻〟を見ているだけかもしれない

私は十年近くゴルフをしていますが、自分は大して運動が得意ではないというメンタルブロックがあるので、公式試合に出ようなどと思ったことはありませんでした。それが一昨年、知り合いから中級者でも出られる試合があるからと誘われて参加したところ、とても面白かったのです。そして、去年も公式試合に参加しました。いずれも高レベルの試合ではありませんが、どちらも予選を勝ち抜いて決勝に進めたのです。

試合に出ると決めてからはさすがに熱心に練習をして、周りの人たちが驚くほど上達したものの、私はぶっちぎりのビリで決勝には到底進めないと思っていました。ところが実際は、五十人の出場者のうち四十五番目で、後ろに五人もいました。しかも、女性は二人しか参加してなく、決勝進出の女性枠は二人あったので、最初から決勝進出が決まっていた、という笑い話のような展開で……。そこに壁があると思っていたらなくて、壁の幻を見ていたわけです。メンタルブロックとは、意外とこんなものだったりします。コロナ禍になって、会議や商談は実際に会ってするのが当たり前だったのが、オンラインでやっても支障がないことがわかったときも、こんなものか、という瞬間だったでしょう。

ときには、チャレンジを繰り返してもメンタルブロックがなかなか崩れなくて、無力感に苛まれることもゼロとは言えません。しかし、**何もチャレンジしないで壁の幻を見続けるよりは、壁の存在の有無を確かめる価値は大きい**と思います。もし本当に壁が存在したら、そのときは気持ちよく別のルートを選択できるからです。もちろん、見つけたチャレンジをすべてしていたら、傷だらけになってしまうので程度問題としてほどほどにしてください。一気にメンタルブロックを崩そうとすると、無理なダイエットをしたときのようにリバウンドしやすくなるので要注意です。気力と、金銭的な余裕や時間的な余裕がある範囲で、「とりあえずここまで先に進んでみよう」というイメージで、少しずつ壁に手をかけていくといいでしょう。

自分の心がそのメンタルブロックを否定しきれない、あるいは、なくしたくないと思っている段階では、無理に崩そうとする必要はありません。いつか外れたらいいな、ということを頭の片隅に置いておくだけでOKです。そうすると、格好のタイミングがきたときに、ポンッと壁を崩せるものなのです。

19

「起きていることはすべて正しい」と考える

「起きていることはすべて正しい」というのは、私の座右の銘です。二〇〇八年に出した拙著のタイトルにしましたが、結構前から心に留めていることです。これは何を言わんとしているかというと、現状起きていることを否定したり、こうだったらいいのになぁ、と夢想したりしても仕方がないから、起きていることをありのままに受け止めて、そこから何を学び、どのように行動すれば、今を最大限に活用できるかを考える、ということです。

私たちは、起きるはずがないと思っていた不都合なことが起きると、反射的にこんなはずじゃない、これは間違いだとか理由をつけて否定します。そして、本当はこうなるはずだったんだ、と起きてほしかったことに意識を向けて、現実の認知を歪ませるのです。そうしたところで、現実が変わることは絶対にありません。起きていることは起きた時点で現実になっているので、真正面から受け止めるしか選択肢はありません。つらくても目を背けないで、いったい何が起きたのか、把握に努めます。すると、学びや気づきといったメッセージが見えてきて、不運を幸運に変えるチャンスをつかめるのです。

だから、起きていることはすべて正しいと自覚して、次の行動を考えることが大切です。**たとえどんなに状況が苦しくても、今起きていることが将来の礎になって、成長の素になることは必ずあります。**それを見つけて、前に進むバネにするのです。

起きていることを否定しまくった過去

お恥ずかしい話ですが、私は二十代前半まで、自分の思い通りにいかないことが起きると否定しまくって、イライラしたり凹んだりしていました。もともと打たれ弱い性格で、小さいころから少しでも嫌なことがあったり、困ったことがあったりすると、泣いて解決しようとするタイプでした。泣いていると年の離れた姉や親、面倒見のいい友達が助けてくれることを期待していたのです。

小学校で忘れ物をしても、先生は私だけ許してくれました。なぜ特別扱いをしてもらえたかというと、私は都合が悪いことが起きると、それに耐えられるだけのメンタルの強さがないため、パニックを起こして泣きじゃくったからです。先生は、そういうトラブルを避けたかったわけです。結果、とてもわがままになりました。おまけに、中学から大学まではエスカレーター式で進学し、家庭環境や価値観もほぼそっくりな友達に囲まれていたので、幸か不幸か、そのまま大人に。そして初めて就職した企業で超不適応を起こすという、ある意味、当然の結果になりました。

当時私は結婚して第一子を出産していましたが、自分の部屋に閉じこもり、子どもにも夫にも会わないようにして、布団をかぶってひたすら泣いていました。もちろん、どんなに泣いても問題が勝手に解決することはありません。どちらかというと、より悪い方向に向かっていきました。

そんな私が「起きていることはすべて正しい」と、現実を正面から受け止められるようになったのは問題解決能力をはじめ、本書のコミュニケーションの知見やコントロール思考の知見、仕事の知見などにまとめたことを学んで実践した結果です。年齢的には四十歳前後だったと思います。

セレンディピティが起きやすくなる

『セレンディップの三人の王子たち』というおとぎ話をご存じでしょうか。王様の命令で修行の旅に出た三人の王子が、途中で降りかかる多くの困難や苦境を次々に解決しながら成長する話です。その知恵と機転から、セレンディピティという予想外の幸運を捕まえる力、といった意味の言葉が生まれました。

それと同じように、私たちもこんなはずではなかったということから、予想外の幸運を捕まえることができます。五年後、十年後には、あれがあったから成長できた、と胸を張って思えることもあるはずです。生きている限り、常に悲しいことや苦しいこと、悔しいことは起き続けます。起きてしまったことは、過去の出来事と同じで変えることはできません。しかし、起きていることはすべて正しいと肯定的に捉えることで、未来に生かせる学びや気づきを得られます。そして実際それらを実行に移せば、未来をよりよく変えられるのです。

この、起きていることはすべて正しい、ということは、常に、できるだけ強く意識しておく必要があります。なぜなら、私たちは残念な現実を前にすると、こんなはずではなかった、と自分に都合のいいほうに話を歪めがちだからです。だから、**困ったことが起きても、これは起こるべくして起こったんだと、できるだけ楽観的に解釈して、将来的にはきっといいことにつながるのだ、と切り替えたほうが行動に移しやすい**でしょう。

何かの宗教の説教ではありませんが、起きていることはすべて正しいと考えると、無駄な抵抗みたいなことをしないで済むようになるので、力まずに、柔軟でしなやかな生き方ができると思います。何事にも屈しない強い生き方に憧れはありますが、強いとポキッと折れやすいことも事実です。

それに対して柔軟でしなやかな生き方というのは、いろんなことで困難や苦境に見舞われても、なんとか適応しながらすり抜けていくことができる気がします。そういう姿勢であれば、一時的にひどく落ち込むようなことがあっても挽回できて、中長期にはだいたいうまくいくと思います。

20 心の回復力をつけるより先に、環境の力を味方につける

レジリエンス(resilience)とは、反発力や弾力性を意味する英語です。最近は心理学用語として使われることが多く、**ストレスやショックを受けた状況にもうまく適合し、心身の健康を維持する力や回復する力**を意味します。こうした力はトップアスリートのような特定の人たちにのみ備わっていると思いがちですが、その素質は誰にでも、漏れなくすべての人に備わっている、と現代の心理学では考えます。

とはいえ、多くの人が災難やトラブルに直面したら、平常心を失って動揺するしかなくなります。その動揺を抑えるために、レジリエンスには心を強くする方法や感情のコントロール術が先んじられますが、私はそれよりもまず、**家庭や友人関係、学校、会社などの環境を整えることに注力したほうがいい**と考えています。なぜなら、スト

レスやショックに見舞われたとき、助けてくれる人や組織、地域、自治体などのコミュニティのサポートを確保できていると心理的安定性が高まって、平常心を取り戻しやすく、回復を早めるからです。いわば、環境が個人のレジリエンスの支えになって、あらかじめ底上げをしてくれるわけです。

海外のレジリエンス研究では、すでに個人要因と環境要因の相互作用に対する理解が主力になっていますが、日本国内のレジリエンス研究ではまだ個人的なスキルや考え方に特化したものが多く、重要な環境要因がぽっかり抜け落ちています。日本で様々に出回っているレジリエンスの書籍を読む際には、その点に注意をしてください。

困ったときに、助けになってくれる人がいるのといないのとでは、どちらがレジリエンスを発揮しやすいかは言うまでもないでしょう。環境を整えた上で、個人のスキルを磨くほうが無駄がありません。具体的には、環境を整えるのは次に挙げる1～3の通りに、個人のスキルを磨くには4～6の通りにするのがお勧めです。

環境を整える

1　困ったときに困ったと言えること

これは環境を整えたり、個人のスキルを磨いたりする以前に必要な、レジリエンスの絶対条件です。トラブルというのは、自分一人で対応しきれないから起きるもので、スムーズに解決するには周囲に助けを求めるのが一番です。

2 何があってもこの人たちだけは助けてくれる、という存在を持つ

家族やパートナー、友人など、自分がどんな苦境になったとしても、この人たちだけは自分を支えてくれる、と自信を持って言える人たちが必要です。そのような強固なソーシャルネットワークは、何もせずにただでもらうことは不可能で、自分も積極的に相手を助ける必要があります。そのために、自分の時間の一定割合をソーシャルネットワークを維持するために使うことを習慣にしましょう。

3 トラブルを吸収して跳ね返せるだけのお金や時間などのリソース

コロナ禍では多くの人が資産も減り、収入も減りました。私たちはついつい今の状態が将来も続くと思って様々な資源を使い尽くす傾向があるのですが、いつでもどこでも、ダウンサイドに導くリスクが存在することを念頭に置いて、何が起きるかは予測が不可能だということを前提に生活をすべて組み立てていく必要があります。できれば収入源は複数持つのが理想です。一つに頼っていると、それが減少したときに一気に大きなリスクを負いますが、複数に分散すればリスクを抑えられます。

個人のスキルを磨く

4　トラブルに見舞われても自分を責めず、楽観的な視点を持つ

レジリエンスに必要なスキルとして、楽観性は欠かせません。トラブルは誰にとっても起きることで、それを何カ月も前から予測できる人はいません。だから、トラブルにあうのは、自分の読みが甘かったせいなどと責める必要はまったくありません。トラブルが起きても、自分の能力や長所が下がるわけではないのです。今のままの自分でいいのだから、よりよく生きるためにこの先どうしよう、と気持ちを切り替えましょう。

5　問題解決能力を身につける

問題解決能力を身につけるには、①こうすると的確に問題を解決できるだろう、という「定義」をし、②それに必要な情報収集をして、もっとも確からしい仮の解決法＝「仮説」を手に入れて、③一つずつ実践して「検証」していく、という三つを繰り返すことをお勧めします。このプロセスによってトラブルをコントロールしやすくなります。さらに、早い段階で回復の見込みが立てば長く落ち込まずに済み、トラブルを

スキルアップするチャンスとして捉える余裕も生まれるでしょう。そうなれば、トラブルは将来の可能性を広げる糧です。

6 心身をリフレッシュさせる習慣を持つ

私たちは、心身が疲労しているときほど、過度に悲観的になって、恐怖に支配されやすくなります。もともと身につけているレジリエンスを発揮させるには、心身の健康を保つことが必要で、そのために質のいい睡眠と食事、適度な運動は欠かせません。気持ちが落ち込んだり、逆にやる気が出たりするのは、ホルモンバランスや自律神経などの肉体的な影響が大きいので、トラブルを抱えて困ったら「まずはゆっくり休んで、その後でどうしたらいいかを考える」ということを習慣づけるのがお勧めです。

また、しっかり休むことで、トラブルによって欲求が叶わない状況に対する耐性も上がります。思い通りにいかなくてもパニックになったりせずに、時間が経てばいつか解決するだろう、と静観できると思います。

アメリカやカナダ、オーストラリアなどでは、子どもたちにレジリエンスを身につけさせることが明確な教育目標になっています。日本では残念ながらまだ、その数が少ないのが現状です。コロナ禍の今必要な力であると同時に、今後も気候変動や大災害、感染症の流行は定期的に訪れることからも、導入数が増えることを期待します。

21 「妬む」「怒る」「愚痴る」の三毒を追放する

三毒とは、**「妬む」「怒る」「愚痴る」**のことで、これらをやめること、すなわち「妬まない」「怒らない」「愚痴らない」を心がけて行動することが「三毒追放」です。私が、三毒追放を初めて知ったのは『洞察力　本質を見抜く「眼力」の秘密』（中山正和著、PHP文庫）でした。一般的にも、できるだけしないようにしたい、とされることばかりですが、実行すると自然と意識が変わって行動も変わり、運を実力に変えられると知りました。

これは面白そうだと思って早速真似し始めたのが、三十一歳のときでした。それ以前の二十代までの私は、三毒たっぷりに生きていて……。中でも、私がもっともよくしたのが「怒る」でした。二十代のころの私は、我ながら本当によく怒っていたと思います。大人になった娘から、「昔のお母さんはよく怒っていたよね」と言われたことがあるほどです。

頭では、子どもに怒ってもしょうがない、とわかっていましたが、怒るたび自己嫌悪に陥りながら、口癖のように「早くしなさい」「なんでできないの」「片付けなさい」と言っていました。しかし何年にもわたって三人の娘を育てるうちに、はたと気づいたのです。子どもの教育はすべて親の責任で行っていて、子どもの性格も親が左右しているのに、その子どもの失敗を怒るというのは自分に対して怒っているのと一緒、つまり自分に対して唾を吐いているようなものだ、と。

そうしたジレンマを抱えながら三人の娘を育てていたから、三毒追放を知ったとき、すぐにやってみよう、と思えたのかもしれません。そして実際にし始めると、やみつきになるほどの効果がありました。

三毒を追放すると味方が増える

私たちが、普段口にする言葉をもっとも聞いているのは自分自身で、知らず知らずのうちに意識に働きかけています。ほかの誰かに向けた言葉でも、自分にかけている言葉にもなっているので、ポジティブな言葉を口にすればポジティブな語りかけになり、ネガティブな言葉を口にすればネガティブな語りかけになります。すると、前者は行動もポジティブになって人生が開け、後者は行動もネガティブになって人生に影が差すようになる、というわけです。前者は周囲も幸せにするので味方が増え、後者は逆の結果になることも、たやすく想像できることでしょう。

実際に、三毒追放を実行して最初に実感したのが、味方が増えることでした。誰だって、近くにいる人がいつも三毒をまき散らしていたら気分を害して離れていきます。平気でいられる人は、同じタイプの人だけです。つまり**類は友を呼ぶ、ということわざの通り、三毒追放をする者同士が集まるため味方が増える**、というわけです。さらに、トラブルすら味方してくれるというか、困ったことに見舞われてもすぐ解決して好転するようになったのです。

これは、当時通っていたネイルサロンでのことです。クレジットカードで前払いのデザインが、器具が途中で故障したために仕上げられないことがありました。二十代までの私だったら、きっと「支払い済みなんだから、是が非でも仕上げてほしい」と怒ったでしょう。あるいは、妥協して別のデザインにして、そのことを友人に愚痴ったと思います。それが、三毒追放をモットーにすると、ここで怒りも愚痴りもしないで、どうやったら問題を解決できるか、と考えるようになるわけです。それでふと、隣の駅に同じチェーン店があることを思い出しました。都内の一駅は徒歩十分圏内だし、そこへ私とネイリストさんが移動して、予定どおりのデザインに仕上げてもらえばいいのでは？　と閃いて提案したら、それはいいアイデアだとなって、実際その通りになりました。

ネイリストさんと移動中に、以前担当してもらっていたネイリストさんが結婚したという話を聞いて、後日お祝いのメールを出すことができました。さらに、隣駅の店に着いたら、よく知っているネイリストさんが副店長に昇進していて、そのお祝いもできました。三毒追放を実行したおかげで、トラブルが解決しただけではなく、新しい人の輪を広げることもできたのです。

「怒らない」は文句を言わないことではない

怒らないというと、どんなに嫌な目にあっても、文句一つ言わずにジッと我慢する、ということをイメージする人もいるでしょう。でも、それは勘違いです。そうすると、我慢が一定レベルに溜まったとき突然ぶちギレて、相手を怒鳴り散らしてケンカ別れする、といった不本意なことが起きてしまいます。

怒らないとは、不満に思ったことを感情に任せて言わない、ということで、不満に思うことがあったら誠実かつ丁寧に伝えて、こうしてほしい、という要望も伝えます。

そうして一緒に問題を解決していくわけですが、そのとき相手が聞く耳を持たないで理解しようとしない場合や、こちらは同じことを何度か繰り返されても我慢して、そのつど不満と要望を伝えているのに改善しない場合は、その相手とはなるべく付き合わないようにするのが無難です。なぜなら、自分との相性が悪いか、相手に学習能力がないかのどちらかで、一緒にいるだけ自分の人生の時間を無駄にする可能性が高いからです。

私たちの時間は有限で、会える人の数も限度があるので、わざわざ三毒を振りまく人と付き合わないほうがいいのです。もちろん、仕事上どうしても付き合わなければいけない人もいますが、そういう人とは極力接触時間を減らすようにして、自分の三毒を呼び起こされないようにしてください。

22 「成功するわがまま」でやりたいことを実現させる

マイクロソフトのビル・ゲイツや、アップルの故スティーブ・ジョブズなど、成功している経営者の多くは、間違いなく、周囲にわがままな印象を与えていると思います。なぜなら、成功とは、わがままにできる土壌があってこそ実現できるものだからです。

私の周りにいる成功者も、ある意味、非常にわがままです。もっとも、わがまま＝傍若無人に振る舞う、ということではありません。彼らは、自分の能力を発揮できる領域をよく理解しているためやりたいことが明確でブレがなく、それを実現するための環境を整えるプロフェッショナリズムを持っています。

そして強い意志で前に進めていくため、周囲から見るとわがままに映るのです。実際には、彼らは周囲への気配りがあり、新しいことから学ぶ力について真摯な努力家だと思います。あくまでも、**実現したいことのためにわがままなパワーを発揮する**のであって、気配りが足りない人たちではありません。

そんな彼らの姿勢から、周囲と調和しながら自分の能力を最大限に発揮して、やりたいことを実現することを**「成功するわがまま」**と定義できるでしょう。これは経営者に限らず、仕事で成果を上げようと思うなら、身につけたほうが絶対的に得です。なぜなら、いい人になりすぎて相手に言われるがままになると、自分の能力を最大限に発揮できなくて、よりよい成果を上げることができないからです。

かくいう私も、二十代のころは人の顔色をうかがってばかりいて、上司からよく注意されました。それでも、外資系プロフェッショナルファームに長く勤務し、プロジェクトごとに人事評価体系を突きつけられ、成果を上げなければクビになる真剣勝負の職場で鍛えられた結果、「わがまま」を貫けるようになりました。

持って生まれた能力や意志の強さと違って、やりたいことを実現しやすくするわがままは一種の技術で、誰にでも身につけることができます。

「わがまま」になる五つのポイント

次の五つは、私の経験に基づく「わがまま」になるポイントです。

①プロフェッショナリズムを身につけるために、叱られたら、なぜ？　と五回自問する
②気持ちのいい人間関係のために、褒めるときは「叱る量の三倍」ではなく「五倍」
③チームワークをよくするために、それぞれの強みと弱みを補完し合う
④より大きな成果を得るために、正しい目標を設定してフィードバックし合う
⑤みんなのわがままも貫くために、正当な評価体系を保持してやる気を保つ

①「叱られたら、なぜ？　と五回自問する」というのは、叱られたときに凹むのではなく、叱られている事実をフレームを上げて俯瞰し、叱る相手と自分を、もう一人の自分の目で観察して、なぜ叱られたのかを考えることです。

社会人になりたてのころ、私は上司からミーティングをしたいと言われたとき、何も考えずに「業務時間内だったらいいですよ」と答えたことがありました。すると、すぐさま上司から「業務時間内・外のような発想をするな」と叱られたのです。私は叱られた理由がわからず、なぜだろう？　と考えました。

なぜ、私は叱られたんだろう？　なぜ、上司はあんな叱り方をしたんだろう？　なぜ、会社員なのに業務時間内・外という発想をしたらいけないんだろう……。こうして「なぜ」を繰り返すと、たいていのことは五回目までに本質的な理由にたどりつけます。このとき私が気づいた叱られた真意は、当時の私は「会社の従業員メンタリティ」が強くて、プロフェッショナルとしての意識が足りないから注意されたのだ、ということでした。

つまり、叱られることで、自分に足りない視点や考え方に気づける、ということです。気づけたら、あとは改善するだけ。凹んでいる暇などありません。これを一つずつ積み重ねていけば、プロフェッショナリズムが身について「わがまま」を貫きやすくなります。

②「褒めるときは『叱る量の三倍』ではなく『五倍』」というのは、周囲と調和する上でカギになることです。一般に、褒めるときは叱る量の三倍と言いますが、私は三倍では足りず、五倍必要だと思います。ただし、褒めることと、媚びることを混同して

はいけません。相手に対して下手に出てへりくだると、ヨイショしているのがみえみえで、不愉快な印象を与えます。あの人が言うことは信頼できない、という悪い評判につながりかねません。褒めるときは出し惜しみなく称えるべきですが、さりげなさも大切です。上手に褒める自信がない人は、メールを活用するのがお勧めです。その際、CC（同報）にたくさんの関係者を入れて送ると、相手により喜ばれる褒め方になります。

③「それぞれの強みと弱みを補完し合う」ということが、なぜ「わがまま」に必要なのか、疑問に思う人もいるでしょう。理由は、一人では決してできないことも、それぞれの強みを生かせば実現できて大きな成果につながり、やりたいことをやりやすくなる＝「わがまま」を貫ける土壌が整うからです。私は共同パートナーと会社を経営して久しいですが、お互いの得意技を持ち寄ることで素晴らしいスピードでやりたいことを実現できています。

大事なことは、それぞれの強みを生かしながらサポートし合うことです。強みを生かして働くということは、気持ちよく働くこととイコールで、それぞれに余裕が生まれるため、気持ちのいい譲り合いも生まれます。逆もまた然りで、その状況では大きな成果につながらないことは想像するまでもないでしょう。

④「正しい目標を設定してフィードバックし合う」ことも、③と同様に、より大きな成果を得るためには不可欠です。以前、ある大企業の再生を担った方に話を聞いたとき、その方は会社の経営を、自分が運転している車や飛行機になぞらえて、こう言っていました。「行き先を告げないまま社員を乗せていたのでは、みんなが不安がって出せる力も出なくなる。目標を正しく設定してはじめて、チーム全体が力を発揮できるようになる」と。従って、私たちもまず目標設定をし、各人の役割分担を決めて、フィードバックし合う、ということを繰り返すことが必要です。

⑤「正当な評価体系を保持してやる気を保つ」というのは、それぞれの強みを生かした働き方＝それぞれのわがままを貫くためになくてはなりません。みんなが成功に向かってやる気を出し続けるためには、自分の能力を最大限に発揮でき、かつ、それに対する正当な見返りがあることが繰り返される必要があります。そうでないと誰も努力しなくなり、大きな成果は得られないでしょう。

この五つを踏まえて獲得できる「わがまま」は、リーダーシップと同義です。気づくと、引っ張り上げてくれる上司や慕ってくれる部下も獲得しているでしょう。

第4章

短時間労働で成果は出せる
――仕事の知見

23

「会社一神教」「労働一神教」から脱退する

私たちは仕事を通じて社会や人々の生活を快適にし、その報酬として収入を得て、自分の生活を快適にするために使う、という循環の中で生きています。これは働く意義でもありますが、実際はどうでしょうか。仕事に追われるだけになっていませんか？　ちゃんと、生活を快適にすることもできていますか？　コロナ禍は、そうした問いかけを私たちに投げかけたと思います。

これまで、私たちは自宅から離れた職場まで過密な満員電車で移動し、オフィスビルの中でもぎゅうぎゅうに詰め込まれた過密な状態で働く、というのが当たり前でした。都市部に暮らす人ほどこうした傾向が強く、労働環境も生活環境も、どう考えても快適とは程遠い状態でしたが、当たり前のことにされていました。なぜ、そういった状態がまかり通っていたかというと、日本の文化がハイコンテクスト文化だからです。ハイコンテクストとは、誰かとコミュニケーションや意思疎通を図るときに、前提となる言語や価値観、考え方などの文脈が非常に近い状態のことを意味します。この場合、**疑問や問題を可視化したり言語化したりするにはコストが高くつくため、とりあえずは同じ場所に密集して、暗黙知の大半を共有したコミュニケーションを成り立たせてきた**わけです。なお、反対語はローコンテクストでアメリカが典型です。

しかしコロナ禍になって、現実的に過密な状態で働くことが不可能になり、様々な業務のオンライン化が進みました。業種によっては営業停止命令などによって仕事ができなくなり、収入が激減したり断たれたりしてしまいました。その結果、多くの人が従来の働き方の問題点を可視化して冒頭の働く意義に立ち返り、行政から押し付けられる働き方改革ではなく、個々人それぞれの働き方の変更を余儀なくされたのだと思います。

こうした厳しい現状を前向きに捉えるのは簡単なことではなく、これまでの働き方でなんとか我慢してきたんだから、これからも我慢し続けたほうが楽なのに、と考えたくなるものです。しかし、コロナ禍が終息して以前の世の中に戻ることになったとしても、オフィスワークそのものの存続が危うくなっていることを見過ごしてはいけません。

多くの企業がコロナ禍を機にリモートワークを推進し、オフィスの規模を小さくしたり、オフィスの自席はなくしてフリーアドレスにしたりしています。それは、経営者が従来のオフィスワークを維持するのはあまりにもコスト高だったということに気づき、縮小化の方向に進んでいることを意味します。つまり、現に社員は以前の働き方に戻ろうにも戻れない可能性があるのです。

会社という仕組みが制度疲労を起こしている

ここで改めて自覚しておかなければいけないことは、「会社一神教」「労働一神教」では救われない、ということです。これは十年以上前から言っていることですが、日本において会社は単なる働く場所にとどまらず、所属する社会であり福利厚生であり、自分たちの階級や生涯賃金を決めてしまうところでした。しかし、その仕組みがかつての高度成長の時代や、ＩＴやグローバル競争が激しくなかった時代に比べると制度疲労を起こしていて、私たちの人生を預けられるほど堅牢なものではなくなったのです。

ほとんどの産業において、社内に長期間にわたって抱え込まなければいけない人材の範囲が狭まっています。もちろん、伝統芸能のような形式知に落とせない一部のノウハウや、技能ではない風土そのものについては長期間にわたる文化の継承が必要です。

私は、長期雇用が完全に不要になったと言いたいわけではありません。**ただ、一つの会社が業務を営む場合、社内に本当に残しておきたい人材はせいぜい十~二十%で、残りの人材は数年間の短期間契約か、場合によっては数カ月で辞めてしまう人という前提にして組み立てても、ビジネスが回るということです。**

わかりやすくたとえるなら、会社がファストフード店のようになった、と言ってもいいかもしれません。一定のマニュアルがあって、温度管理と作業管理さえしっかりしていれば、誰でも数週間のトレーニングでほぼ同じ品質のハンバーガーを低価格で提供できるようになるということです。これがいいことか悪いことかの価値観は、人によって分かれると思います。しかし、日本でも海外でも、消費者がこのような安定した品質で安価なサービスを望むため、いい悪いの問題ではなく、そういう仕組みになっていると割り切った上で、自覚し直してほしいのです。同時に、そのこととコロナ禍によって余儀なくされた働き方の変更を重ね合わせて、働く意義を問い直してください。

リモートワークが進んで自宅で仕事をすることにより、社員それぞれがどのような成果物を生みだしたかがわかりやすくなります。そのため、これまで「通勤して働く」というインプットで人事評価されていたものが、「成果物」というアウトプットで評価を行う素地ができました。

人によっては、評価がシビアに変わってプレッシャーが増えた、と嘆く人もいるかもしれませんが、通勤から解放された分の時間を自由時間として手にしているはずです。従来の働き方では望んでもできなかった、平日も自宅でゆっくり穏やかに過ごしたり、自炊や運動に時間を割いて健康的な習慣を持ったりすることも可能です。それらをきちんと実現すれば、心身の調子が整い、仕事のパフォーマンスが上がって短時間で大きな成果を上げられる、という好循環につなげられるわけです。

働く意義は、自分の生活を快適にするために報酬を得ることですが、**生活を快適にすると仕事の生産性が上がる**、ということも覚えておきましょう。そして今は、それを実現しやすい状況にあることも頭の片隅に留めておいてください。

24 頑張りすぎは思考停止。〝やる気幻想〟を捨てる

私の嫌いな公正世界仮説の一つが、努力至上主義です。私がこれからどんなに頑張ったとしても、ファッションモデルやオリンピック選手になれないように、この世には、どんなに努力をしてもできないことはいくらでもあります。それなのに、**頑張ればいい結果に結びつくはず、と考えるのはもはやファンタジー**です。心身の疲弊しか招きません。

かねてから、私は頑張ることの危険性を説いていますが、それは、どんな問題も頑張れば解決できるんだ、といった間違った問題解決法を植え付けるからです。特に、頑張り続ける、死ぬ気でやる、寝ずにやるなどの根性系の発想は危険です。問題解決の糸口が見えないから、根性論に逃げているだけです。無休で睡眠時間を削り続けた

ら蓄積疲労でミスをしやすくなり、いい結果が出る確率は下がります。もし、こんなに頑張っているのにどうして報われないのだろう、と嘆きたくなる状況に置かれていたら、まずいったん、頑張ることをやめてください。残酷なようですが、頑張りすぎが報われない原因だからです。

私たちは日ごろ、物事を認知して、判断してから行動に移します。より細かく言うと、認知の時点で、自分の目標や課題に合った情報を集めて精査し、本質以外のところを捨てて、どのポイントに絞って行動するといいかを判断しています。その精査が甘いと、無駄な努力をすることになって、頑張りすぎを招くのです。

努力するのは大事なことです。しかし、むやみやたらにするものではなく、本当に必要な部分にのみ集中してするべきです。もし不必要な部分に努力を重ねていたら、いつまで経っても結果が出なくて、自分も周りの人も疲弊します。疲弊する分、努力をする以前よりも、かえって悪い状態に自分を追い込んでしまう可能性もあります。

語弊を恐れずに言うと、頑張ることは、実は難しいことのようで簡単なことです。なぜなら、頑張るというのは考えることをやめて自分を思考停止状態にし、目標や課題に向かって猛進すること、と言い換えられるケースがたくさんあるからです。**どうしてこんなに大変なんだろう、と思ったら、頑張りすぎる前に、集めた情報を精査し**

直しましょう。残すべき本質は一％です。あとの九十九％は捨ててください。

頑張ることは精神力の前借り

頑張るというのは、普段のリラックスした状態よりもギュッと力んで、無理して高い成果を出そうとすることなので、どうしても弊害が出やすくなります。

その弊害は二つあって、一つは、意識的に力を入れると緊張した状態になるので、実力を発揮しにくくなることです。二つ目は、精神力を前借りして、無駄遣いしてしまうことです。普段の平穏な状態でやればいいものを、頑張ってしまうとその後が疲れて、何もできなくなってしまいます。例えば、走るのも泳ぐのも、ペース配分を考えずにスタートダッシュをすると、後半が疲れてロクな結果になりません。仕事でも同じことが言えて、頑張りすぎると本来のペースが崩れてしまい、ミスをしやすくなるのです。

私は三十代後半から、頑張らないを基本にして生活するようにしています。正確に言うと、頑張らなくても仕事の成果が上がる、もしくは、頑張らなくても快適な暮らしを目指しています。

そこで数年前から、**一日の労働時間は、三時間を目標**にしています。なぜ三時間にしているかというと、三時間以上働くと頑張って作業することになり、疲れるだけで大して成果が上がらないからです。ただ時間ばかり取られて、家事が疎かになったり、自分がやりたいことができなかったりするのも嫌なのです。「一日三時間しか働かないなんて、勝間さんだからできることですよ」と言われそうですが、果たして本当にそうでしょうか。個人事業主やフリーランス、経営者の方をはじめ、会社員の方も、コロナ禍になって在宅ワークが増えたことで検討の余地があるはずです。

頑張らなくてはできないことというのは、見方を変えると、自分一人の力だけではできない作業量ということです。つまりキャパオーバーであることを認めたほうがよく、そこは頑張るのではなく、新たな道具を導入したり、誰かに助力を請うなどして、作業分担したほうが効率性も正確性も絶対に上がります。

個人的には、頑張ると息抜きや気晴らしが必要になると思っています。息抜きや気晴らしで手っ取り早いものと言ったらタバコ、コーヒー、甘いお菓子、お酒です。すべて依存性があるもので、健康を害するものばかりです。それらを必要としない程度に、すなわち頑張らないで済む生活設計をすると、健康寿命が延びるというメリットがついてきます。

人はだいたいやらないほうを選ぶ

よく「やる気が出ないので、やる気を出す方法を教えてください」という相談を受けます。それに対する、私の答えは、「〝やる気幻想〟を捨ててください」です。

多くの人が、世の中にはやる気がある人とない人がいて、自分はやる気がないタイプだからなかなか結果が出せない、と考えがちですが、やる気というのは幻想です。もし、自分がいる所で火事が起きたら、走る気があろうがなかろうが、誰でも全速力で逃げます。火事場の馬鹿力という言葉があるように、どんなに疲れていて、何もやる気がなくても、おそらく一生で一番速いスピードで逃げるのです。つまり、自分がそれを達成しないと不都合がある場合は、誰でも簡単にやる気が出ますし、やってもやらなくてもいいことなら、多くの人はだいたいやらないほうを選ぶものなのです。

それはなぜかと言うと、私たちは生きていく上で、できるだけ頭も体も使わないように設計されているからです。人類の歴史の中で、食料の調達が難しい時代が長く続いたため、カロリー消費を極力抑えたいというのが原則になっています。なんでもサボりたいと思っているのが前提にあるので、**やってもやらなくてもいいことなのに、**

やる気を出してやろう、というのは本当に無理なのです。もしやる気が出ない場合は、もしかしたらこれは、私たちの本能がやってもやらなくてもいいこととして判断しているのかもしれない、と疑ってみてください。

例えば、英語を話せるようになりたいけど、やる気が出ないというケース。英語を話せないと、ひどい目にあう人って、そうそういません。結局、やってもやらなくてもいいことに過ぎないから、やる気が出ないわけです。逆に、私のように外資系に就職してしまって、英語を話せるようにならないとクビになるかもしれない、という状況に追い込まれると否応なしに英語を話せるようになるわけです。

達成する頂上までの「階段」を作る

ただ、そうした切羽詰まった状況を意図的に作るのは難しいので、まず、**目標を達成する「頂上」までの道のりに「階段」を作る**といいと思います。

十メートル上の頂上まで一歩で上ることはできませんが、そこに二十段とか三十段の階段を作れば上れます。そうした階段の設計が必要で、その階段は、無理なく簡単にクリアできる設定にしてあげることがポイントです。さらに、頂上まで上りきるには、常に自分が今何段目まで上がってきたかを把握できるようにします。それは一種の報酬で、報酬を得られるから、次の一段を上る気につながるわけです。

ダイエットの場合、脂肪を減らすには一カ月にマイナス一キロが理想とされます。一日につきマイナス約三十グラムで、それが報酬になりますが、三十グラム減っても全然嬉しくないという人や、体重計によっては計測できない人もいるでしょう。その場合は、別の報酬を作ってください。例えば、一日一万歩歩いたらスマートウォッチに褒めてもらうようにしたり、ダイエット仲間を募ってお互いに褒め合うようにしたり。何かしら、自分のモチベーションを維持できる方法を見つけるのです。

私は長年ブログを書いていて、一昨年の春からはＹｏｕＴｕｂｅも始めました。いずれも続けられる理由は、リアルタイムで閲覧数や視聴数がわかって、コメントをいただけるからです。それが私にとっての報酬で、評価が高い記事や動画は分析し、コメントを通じてもらった質問や相談はテーマ設定に反映するなど、制作のヒントにもしています。そうやって、自分がしたことに対する報酬があると、頑張らなくちゃ、やる気を出さなくちゃ、などと力むことなく楽しく続けられるのです。

ただし、一つ一つの数字を気にしすぎても本末転倒なので、全体で自分で続けられる程度に作業量も必ず絞り込んでみてください。

25

「長時間労働を頑張る怠け者」からの脱却

かつて、働くことは大人になるための通過儀礼の一つで、社会で苦役を味わうことで一人前になれる、と考えられていました。しかし、賃金を得ることと人間的な成長は別の話ではないか、と気づいた人たちが自由な働き方を構築しました。

それが労働に対する価値観を広く一般に揺るがし、さらにコロナ禍になって、多くの人が働き方を変えることを余儀なくされました。世界は瞬時に一変する可能性があることが生きる前提になり、生活様式も仕事の仕方もサスティナブルである必要性が高まったのです。そのため、サスティナブルな働き方でない長時間労働に疑問を抱いた人も多いのではないでしょうか。

現に、リモートワークの浸透によって、労働時間ではなく成果物で人事評価される傾向が強まっています。これは、長時間労働から短時間労働にシフトするチャンスとも言えるでしょう。労働時間の長さが評価対象になり得なくなれば、変わるのが自然です。そもそも、労働時間というのは、私たちが何かの成果を上げるときの「投入量」であって、成果物ではないわけです。

にもかかわらず、多くの給与体系が一時間でいくら、一カ月でいくらという時間ベースで払われているために、ほとんどの人が労働に対する概念を勘違いしていました。まずは、この労働に対する最大の勘違いを改めましょう。**一日七、八時間も長時間労働をしないとお金が手に入らない、という思い込みと一緒に、長時間労働をして生産性を上げる時代はすでに終わっている**、と認識してください。

現に、コンピューターをはじめとするテクノロジーの進化によって、労働生産性はものすごく上がっています。一部の研究によると、本当に必要な顧客や市場、社会の価値につながる仕事だけにすると、週に十二~十五時間で済むと言われます。現在週に四十~五十時間も働いているのに、半分以上を不必要なことに費やしていることになるのです。本来なら短時間労働で済むのに、雇用形態が変わっていないから長時間労働を強いられているのが現状なのです。

雇用形態の問題なら、被雇用者はどうすることもできない、という人が多いと思いますが、私たち一人ひとりが賃金は時間ベースで払われるものではない、と考え方を改めなければ、変わるものも変わりません。女性に多い仕事と家事の両立の悩みも解決せず、男性の家事・育児参加も進みません。男女のどちらかが必ず負担を負う構図から抜け出すこともできません。抜け出すには、どうやったら短時間労働で十分な報酬につなげられるか、ということを真剣に考えなければならないのです。

ところが、これについて真剣に考えている人は、十人に一人もいないと私は感じています。確かに、短時間労働で十分な報酬を得られる仕事の供給量は多くありませんが、どうやったら長時間労働から抜け出せるのかを考えなければ何も変わりません。私は、長時間労働を疑問なく行う人たちのことを、かつて仕事に追われてろくに家事もできなかった自分への揶揄も含めて、**「長時間労働を頑張る怠け者」**と呼んでいます。

定額報酬型から成果報酬型へ

私は週に五〜七日働いていますが、マックスで働いて一日四、五時間です。普通の在宅日は一、二時間で、三時間以上は働かないようにしています。会社員時代と比べて仕事の数はまったく減っていないことを考えると、会社員時代はいかに不必要な社内仕事が多かったか、ということを痛感します。これから短時間労働を目指すなら、まずは六時間以下を目標にするといいと思います。**長時間労働から短時間労働にシフトする最大のカギは、自分の労働体系を成果報酬型に切り替えること**です。

私のケースは多少極端かもしれませんが、基本的に時間でいくらという仕事は引き受けていません。何らかの形で自分の働きが当たれば報酬が青天井で上がり、まったく当たらなければゼロ円になる、という成果報酬型の仕事を基本にしています。例えば、本の執筆は完全に成果報酬型です。長い時間かけて執筆しても、売れなければ初版の印税が手に入るだけです。講演会を一つ行うのと大差ありません。しかし、定額報酬のように、成果が自分の労働量に左右されないやり方だと、どんなに生産性を上げても収入が変わらなくなります。すると、生産性を上げるというインセンティブが働かなくなる、という悪循環に陥るのです。

仮に私が、本が売れなかった場合のリスクを取らずに、かつ短時間労働をしようとしたら、時給で働くことになります。通常のパートタイマーの時給の相場は地方なら千五十円ぐらいで、東京でも千二百円弱です。その時給の短時間労働では、残念ながら生活は厳しくなってしまいます。

多くの人が成果報酬型にすることを怖がりますが、成果報酬型は最悪がゼロ円である代わりに、上限は無限とは言わないまでも、時給で数十万、数百万まで上がる可能性があります。定額報酬型に比べてチャンスが満載です。むしろ、定額報酬型は時間を制限するため、なかなか短時間労働に移行できない、という悪循環に陥っている原因とも言えます。

こういう話をするとよく、成果報酬型は実力がある人にしかできないでしょう、ということを言われますが、その場合、能力の生かし方についての考え方を少し見直す必要があると思います。多くの人は、与えられた分野でどうやって活躍しようか、という考え方をします。しかし、より多くの報酬を得るには、自分がどの分野なら活躍できるか、ということを見極める必要があります。自分にとって不得意なことや、向いていない分野で成功することはかなり難しく、どんなに努力をしても無駄になる可能性が高いからです。

自分が活躍できる分野の見つけ方は後述しますが、はなから不可能だと道を閉ざしてしまうのではなく、どの方向に進めば短時間労働で十分な収入を得ることを実現できそうか、ということを検討してください。いきなり成果報酬型に切り替えるのが難しければ、何カ年計画を立てて、少しずつ実現していきましょう。基本給は定額でも、ボーナスは成果報酬型という会社もあります。現に、私が三十代のときに勤めていた証券会社がそうでした。転職するならそういう会社を選んで、徐々に成果報酬型に移行していくわけです。

年齢が若ければ下積みとして割り切って一定期間、定額報酬で働くのも一案です。ただし、三年以内には成果報酬型にシフトする、という期限付きの決意をしてください。日本では、「石の上にも三年」のようなことわざを用いて、一つのことを長く続けないのは根性なしのような言われ方をしますが、残念ながら人生は短いので聞く耳を持つ必要はありません。下積みも三年をリミットにするのが賢明です。

経済的自由を得たいなら「B」「I」に

アメリカの投資家で実業家のロバート・キヨサキの『金持ち父さん 貧乏父さん』(白根美保子訳、筑摩書房)では、世の中で収入を得る方法は「ESBI」というキャッシュフロー・クワドラントだと定義されています。キャッシュフローはお金の流れ、クワドラントは四等分や四分割という意味で、ESBIは「Employee(従業員)」「Self-employed(自営業者)」「Business owner(ビジネスオーナー)」「Investor(投資家)」の言葉の頭文字をとったものです。そして、各クワドラントの金銭的価値観は、次の通りです。

E（従業員）：安全
S（自営業者）：独立
B（ビジネスオーナー）：富の形成
I（投資家）：経済的自由

これは収入を上げていく一般的なステップでもありますが、九割の人は一生の間、自分のお金の儲け方をEの状態で止めます。しかし、Eのままでは、経済的な自由も時間の自由も得にくい、というのがロバート・キヨサキの考え方です。私はこの考え方には概ね賛成で、補足するなら、EをしながらSの準備としてブログやYouTubeを始めたり、投資信託などでIを行ったりするなど、並行してできることもあります。実際、私は会社に勤めていたころからブログを始めてアフィリエイト収入を得て、副業として本の執筆も始めました。Eのままでもある程度収入をくれる企業は少数存在しますが、それは長時間労働と引き換えです。

時間リッチ&キャッシュリッチを目指すには、Eのままでは定義上不可能なのです。

26 強みを生かした生き方をする

かねてから私は、小さい労力で大きな結果を出す原理原則は、自分の強みを生かして、キャリア形成の柱にすることだと言ってきました。一説によると、強みを生かせる分野と生かせない分野では、五〜十倍の能率差が出ると言われます。

強みを生かした生き方をするには、**自分の強みを見つけて弱みを諦め、場合によってはニつ以上の強みを組み合わせたりして、それを生かせる市場を探す**、という手順になります。「自分にはこれといった強みがあるとは思えない」「今まで強みを生かした経験がないからイメージがわかない」と言う人もいると思いますが、私たちは生まれてずっと様々な経験を通じて、必ず何かの強みを蓄積し続けています。強みについて考えたことがないから見つけられず、生かし方についてイメージがわかないだけに過ぎません。それが強みを知ることの難しさの一つで、多くの人が自分の強みについて無自覚なのです。

強みというのは、持っている本人にとっては何の苦労も努力もなしに、息を吸って吐くように自然にできることなので、人から褒められたり市場で評価されたりすることが繰り返されないと、それが強みだと気づけません。最初から、強みを生かした仕事に就ける人は非常に稀です。ただ、気づいていない人も、自分の強みを日々使ってどんどん強化されています。それを有効活用しない手はないのです。

自分の強みと弱みを知る有名なツールとして、アメリカのギャラップ社という世論調査とコンサルティングを行う会社が開発した「ストレングス・ファインダー」という才能診断ツールがあります。人の才能を学習欲や適応性、活発性、公平性など、三十四個の資質に分類して、どれが上位の資質＝強みかを分析してくれます。正式に診断するにはギャラップ社の公式サイトからアクセスコードをダウンロードするか、アクセスコード付きの本、『さあ、才能《じぶん》に目覚めよう 新版ストレングス・ファインダー2・0』（トム・ラス著、古屋博子訳、日本経済新聞出版）を購入するのがお勧めです。

ハーバード大学教授のハワード・ガードナー博士が提唱した「マルチプル・インテリジェンス（多重知能理論）」のテストでは、九つに分類された知能に関する質問から、得意分野と不得意分野がわかります。また、アメリカの精神科医ウイリアム・グラッサー博士の「選択理論心理学」のテストもお勧めで、五つの基本的欲求に関する質問から自分の欲求の強弱がわかります。この二つのテストはネット上で診断可能だと思います。

例えば、私のストレングス・ファインダーの診断結果は、学習欲や着想（新しいアイデアを考えるのが好き）の資質が上位になります。だから、毎日本を読み続けて新しいことを学び続けるのが楽しくて、それをメルマガやSNSを通じて広く還元するのが喜びになっています。また、私は著作に関しては下積み経験がありませんが、三冊目ぐらいからベストセラーが出るようになりました。逆に、会社員時代にしていたトレーダーの仕事や、四十代前半までしていたテレビの仕事も、正直言って、かけた時間と努力、苦労のわりには、まったく成功しませんでした。つまり、それらの仕事の素質がない＝自分の強みを生かした仕事ではなかった、ということになります。

強みは組み合わせて生かす

素質があることなら、適切な努力をすれば簡単に花が開きますが、素質がないことをどんなに努力しても、そもそも種がないので育ちません。努力が報われないためにストレスが溜まって、自己憐憫《じこれんびん》に陥ったり、うまくいっている人を妬むようになってしまいます。それでもまだ報われない努力を続けがちなのは、私たちは「慣れていることに流されやすい」傾向があるからです。試しに、一日のうちで、自分の強みを使っている時間と、そうでない時間はどのくらいになるか、棚卸ししてみてください。きっと多くの人が、強みを使っていると言える時間が少ないでしょう。

もし、自分の強みは平凡だから、それに特化してもなあ……と悩んでいるとしたら、二番目や三番目の強みと組み合わせてください。**たいていの人は、突出した一つの資質を持っているのではなく、七十～八十点の資質を組み合わせることで強みにしています。**

例えば、知り合いでセールスの仕事で活躍している人たちを見ると、人当たりの良さとトーク力が共通しているだけではなく、様々な人脈で相手を虜にする人もいれば、聞き上手に徹して相手の心をつかむ人など、実は様々です。ストレングス・ファインダーの診断も、上位の資質が五つ出てきますが、これがすべて同じという人はほぼいないそうです。それほど私たちは多様な強みを持っていて、組み合わせの妙で突出した強みになるのです。

この組み合わせの重要性について認識している人は少なく、突出した一つの強みがないと勝負できないと諦めがちです。しかし、いくつかを組み合わせることによって、ほかの人にはない強みをどう作り上げるかが、強みのポートフォリオの考え方です。

恐れずに市場に身を投じる

自分の強みがわかったら、同じような強みを持っている人の活躍分野を観察するのも必要ですが、強みがどう生きるかは、実践してみないとはっきりわかりません。その実践の場としてお勧めなのが、ブログやＹｏｕＴｕｂｅなどのＳＮＳです。特に優れていると思うのはＹｏｕＴｕｂｅで、自分の動画がほかの動画と比べてどのぐらいのユーザー評価を得たのかを細かく分析してくれて、その結果をダッシュボードで見られる点です。自分がどこにより力を入れればいいかが明確になります。

まずは、今働いている会社を実践の場にして企業内評価を得ることから始めるやり方もありますが、将来的には市場評価につなげていこうという気持ちが重要です。

会社員の場合、この業務は自分の苦手分野だからという理由で放棄できませんから、自らの弱みを開示して周囲に手伝ってもらうやり方がお勧めです。ある意味、**弱みを**

強みにするわけです。そうしながら本当の強みをアピールし、適材適所の担当を割り振ってもらえるように交渉しましょう。交渉を聞き入れてもらえない場合は、会社が硬直状態に陥っていると判断し、経営が傾く前に転職計画を立てて逃げる算段を立てることをお勧めします。大企業でほとんど評価されなかった人が、ベンチャー企業に転職して水を得た魚のように活躍するケースもあれば、独立して急に成果を上げることもあります。いかに自分の強みが生きる市場を探すかということを、市場評価をチェックしながら整えていくのです。

どんなにお金を稼げたとしても、弱みを使う仕事というのは精神衛生上悪く、自分を苦しめます。どんどん自分を嫌いになって、人生が泥沼にはまったようになって不幸にしかなりません。弱みについては、使う機会を捨てる、伸ばす努力を止める、という二つに加えて、誰かに弱みを指摘されても平然と無視するようにしましょう。そうして周囲のノイズに惑わされることなく、**自分の強みを生かせる市場を探しては、そこに恐れずに身を投じて市場評価を得る**、ということを積極的に続ければ、小さな労力で大きな結果につながります。

自分の強みと市場のニーズがうまくマッチすれば、高評価を得られます。それは社会貢献度の高さでもあり、強みを磨くのがよりいっそう楽しくなります。逆に、うまくいかなくても、何らかの改善や試行錯誤が必要なことを確認できるのは収穫なので、落ち込む必要はありません。ただ、どうしても私たちは何かを試すと、うまくいくまでやろうとしがちです。そのことを肝に銘じて、一定期間試してうまくいかなかったらさっさと損切りをする、という習慣をつけておくようにしましょう。損切りして短期間で止めたとしても、自分の強みと市場がマッチしていない部分について学習できるので、強みの組み合わせ方や市場でのアピール法などを変えて、前に進んでいくことができます。

私が、市場は本当に素晴らしいと思うのは、様々な人の強みを敏感に嗅ぎ分けて、それを何とかプロデュースしようと思っている人がたくさんいることです。

例えば、出版社などは常に記事や書籍にできる企画を探していて、ちょっとでも光るブログや動画を上げていると、どんどん声をかけてきてくれます。このようなことは企業内でもできることで、新規事業やプロジェクトに対して積極的に手を挙げて参加し、自分の強みを生かせるチャンスを増やしていくわけです。無駄な謙遜をせずに、うまくいかないリスクもあることを承知した上で、できる限り自分の強みをアピールして貢献度を試していく。こうして強みを強化しながら生きる人生と、そうでない人生の違いは、言及するまでもないでしょう。

27 仕事選びは将来性があるほうにBETし続ける

今から約三十年前に、私が会計士として働き出したときに感じたことは、会計監査は世の中に必要な仕事に違いないけど、機械化がまったく進んでなく、手書きの帳簿をチェックして手書きで直す、というようなアナログな作業を延々として、この仕事に将来性はあるのだろうか？　ということでした。当時はまさか、ＡＩに取って代わられる可能性が高いとは思っていませんでしたが……。

ご存じの通り、十～二十年後には、日本の労働人口の約四十九％が就いている職業が、ＡＩやロボットなどで代替が可能になる、という推計データがあります。二〇一五年に野村総合研究所とイギリスのオックスフォード大学との共同研究結果として発表されたもので、六百一種類の職業ごとに試算した確率です。特別な知識や技術が求められない単純労働や事務職のほか、データ分析や体系的な操作が求められる会計監査もＡＩで代替できる可能性が高いという内容です。アメリカの場合は日本とほぼ同じで四十七％、イギリスは三十五％と試算されています。

この試算を三十年前に予測できたわけではありませんが、会計監査の将来性を案じていたことは確かです。そのため、隣の部署にシステムコンサルティング部ができるとすぐに異動願いを出して、システムコンサルタントに転身しました。会計士だとクライアントのところに行くと先生扱いしてもらえますが、システムコンサルタントの場合、クライアント先では出入り業者扱いになります。つまり、当時は社会的なステイタスは会計士よりもかなり低いと見なされていたわけです。そのため、私の異動を疑問視する人がたくさんいましたが、**私が重要視したのは、どちらに将来性があるか、ということでした**。そして、どう考えても、会計士よりシステムコンサルタントのほうが将来性が高いと思ったのです。

当時は、これからの時代はシステムだ、コンピューターだ、と言われだしたときで、だからこそ会社でも新しい部署としてシステムコンサルティング部をつくったわけです。数年後に、ＩＴバブルが崩壊するのと一緒にこの部署はなくなってしまいましたが、そこで情報戦略と効率化のスキルを得たことは、私個人としてはとても大きな収穫でした。

そして次に私が移った部署が、当時一番羽振りがよかった金融部門でした。そこでも同じように将来性を考えて、デリバティブやポートフォリオのリスクマネジメント理論をニューヨークチームから直接学びました。そこから金融人生が始まるのです。そしてニューヨークの共同チームに抜擢されたのは、もちろん東京オフィスの会計士の中で私が最もシステムに詳しかったからです。

仕事を安定性で選ぶのは危険

私の職歴の一部を書きましたが、皆さん、どう思われましたか？　ステイタスや周囲の目にとらわれないで、そのときどきで将来性のあるほうに移り、キャリアを積んだほうがいい、と思いましたか？　それとも、将来性で選ぶと転々とすることになるから、安定性で選んで、できるだけ一つのところで長く働きたい、と思いましたか？もし、後者のような保守的な意見を抱いたとしたら、ちょっと考え直してみてください。

コロナ禍を経験して、より安定性を求めたくなる気持ちはよくわかります。でも、今は何を基準に選んでも、数年で部署はおろか会社ごとなくなることが起きています。ほかより少しだけ安定しているように見えても、それが永久に続く、という夢のようなことはあり得ません。もちろん、それは将来性についても同じです。だから、**仕事は常に、将来性があるほうにBETし続ける（賭け続ける）ことが重要**です。

将来性について考えるとき、ポイントの一つになるのが女性の働きやすさです。今後は、人口の減少に伴って、労働人口も減っていくことが明らかで、よりいっそう女性の社会進出が求められます。企業は男女を問わない優秀な人材を獲得するための戦略が求められ、女性が働きやすい環境や仕組みづくりが必須になります。それが整備されていない会社は、優秀な女性を獲得するのが厳しくなり、成長率も競争力も低下することが確実です。

そうであるならば、女性はもちろん男性も、できるだけ女性が働きやすい環境や仕組みがあるかをチェックし、そこでスキルを積み上げていけるかどうかを判断することがポイントになります。目的地に到達するには、階段を上るよりエスカレーターに乗ったほうが早く、さらに、エスカレーターの階段を上ったほうがより早くなります。将来性があるほうにBETし続けるというのは、そういうイメージです。逆に、安定性で選ぶのは、下りのエスカレーターを上ろうとする感じです。

いつの時代もどうしようもなく変化していて、それが止まることはありません。立ち止まって将来について考える時間は必要ですが、変わろうとしないで現状維持を選ぶのは「緩やかな停滞」です。進むスピードは人それぞれですが、よりよくなりたいと思っているなら、せめて一段一段、階段を上がりましょう。くれぐれも、下りのエスカレーターを上ることはしないでください。

一番結果を悪くするのは、現状をリアルに把握せず、目を背けて何も行動をしないで固まってしまうことです。もし、自分の職種がこの先厳しいと思ったら、できるだけ早く行動するのが賢明です。**仕事への不安を消し去る処方箋は、市場価値の高い人材について調べ、そこに一ミリでもいいから近づくための行動をとることです。**

とはいえ、すぐに異動や離職するのは難しいでしょうから、現状で働きながら人脈を広げたり、将来性を望める資格の勉強を始めたりするなど、何かしらの行動をとってください。専門家が情報発信するメディアに触れることもその第一歩になります。

28 「才能×社会貢献＝十分な収入」という方程式の最適解

『ブラック・スワン』や『反脆弱性』（共にダイヤモンド社）の著書で、急進的な哲学者として知られるナシーム・ニコラス・タレブは、雇用喪失が起こる未来を生き抜くには、ＩＴやＡＩなどの最先端技術をフル活用しながら、相反するアナログなやり方も維持して、自分のキャリアがどちらに傾いてもいいように備えておくこと、と言っています。バーベル戦略と言われるもので、私も有効な方法だと考えています。

自分のキャリアについて考えるときに悩ましいのが、やりたいことをして十分な収入を得ることができるか、ということです。やりがいと収入の両方の満足度が高い仕事に就ける人はかなり限られています。仮に、運よくやりたい仕事に就けて十分な収入を得られても、続けるうちに慣れて新鮮味がなくなり、やりがいが半減して単なる収入を得る手段に変わることもあり得ます。その場合、やりたい仕事についても、こんなものか、と落胆したくなるでしょう。

この「やりがい」というのは非常に曖昧な概念で、特にやりたいことではなかったけど、やってみたら達成感が大きくてやりがいを感じる、ということもよくあることです。また、達成感などの実感ではなく、収入が上がることもやりがいになります。歩合制のセールスで、セールスがうまくいけばいくほど収入が上がってやりがいも増す、というのはその典型でしょう。

いったい、自分のやりがいはどこにあるのか。こればかりは実際にやってみないとわからないので、本当はこういう仕事をしたいけれど、収入を得るために妥協して別の仕事をする、という始め方でいいわけです。もちろん、百%やりたくない仕事をする必要はありませんが、自分の得意分野に近くて、それなりにやりがいを感じられそうかな、という程度でＯＫでしょう。まずはキャリア選択のスタートラインに立つことが大事なので、とりあえずはこれでいいんだ、と割り切ることが必要です。

ぜひ、頭に入れておいてほしいことは**「キャリア選択に正解はない」**ということです。誰しもがやりがいと収入のバランスの取り方に迷っていて、自分がいつか市場で使い物にならなくなるのではないかというリスクや、加齢によって市場から追い出されたら収入が下がるのではないかというリスクを抱えています。大企業などのしっかりとした組織に所属している場合でも、リストラされて放り出される不安があり、いざ転職活動をすると、市場から離れたところで甘やかされていた分、自分の市場価値の低さに愕然とするわけです。キャリア選択というのは、突き詰めれば突き詰めるほど、このような市場原理の厳しさに行き当たります。その中で粘り強く、やりがいや収入をはじめ、待遇、勤務時間、福利厚生、教育制度など、**あらゆる条件を検討して、自分なりの最適解や納得解を目指すのがキャリア選択**だと私は考えます。

様々なキャリアを積み上げてきた人たちは、ほとんどすべての人が必ず何らかの失敗をしています。その失敗によってモチベーションが高まり、「失敗は成功のもと」ということわざ通り、次のキャリアの成功につながるケースもあります。自分にはその仕事が向かなかった、というのも大きな収穫です。人生が立ち行かなくなるほどの大借金を負わない限りは、失敗は次のキャリアに生きてくるのです。

市場の需給バランスを注視する

「自分の才能や、やりたいこと×市場のニーズ」という式の答えが、私たちが手にできる収入です。基本的に自分の才能やその方向性が突然変化することはなく、才能を生かした仕事も一定の範囲内に収まります。その中で十分な収入を得られるニーズは意外と少ないので、できるだけ若いころから、自分の才能とニーズの重なりがどこにあるのか、という将来性について見つめたほうが得策です。年を重ねてからでも遅いということはないので、目を皿にして探しましょう。

より多くの収入を手にするには、市場の需給バランスを見分けることが重要です。需要が少なくて供給が余っているエリアでは、多くの収入を手にするのは困難です。ポイントは、確かに需要はあるけど、まだ十分に供給されていないエリアで、自分が社会貢献できそうな仕事を探すことになります。つまり、**「自分の才能や、やりたいこと×社会貢献＝生活に十分な収入」**という方程式をどうやって解くかが、より多くの収入を得る答え、すなわち、キャリア選択における最適解や納得解を導く方法になります。

時代の流れによって需要が変わるため、社会貢献できるエリアも変わります。需要がたっぷりあって供給が少なかったうちは花形だった職業も、技術革新や様々な時代の変化の中で需要が少なくなって供給が余れば、途端に斜陽産業へ転換してしまいます。

例えば、私が本を書き始めた二〇〇七年前後は新書の全盛期で、インターネットが今ほどは普及していませんでした。多くの人が隙間時間に新書を読んでいたため、様々な新書が何万部、何十万部と売れたのです。

それが今や、読者層が新書を読んでいた時間はほとんどSNSに吸収されてしまいました。YouTubeは、当初は面白系コンテンツが中心でしたが、最近はあらゆるコンテンツを発表する場になり、ブログに取って代わりました。この状況で、私が新書の執筆だけにこだわってキャリアを積もうとしたら、あっという間に生活が成り立たなくなったでしょう。

言うまでもなく、今も変わらず文章を書くのが好きで、人より得意だと思っています。でも、需給バランスの変化を踏まえて、自分の時間を投資しても社会貢献度が低くなったから、新書の執筆を縮小させて、評論や講演活動、有料メルマガやオンラインサロンのほか、最近ではYouTubeチャンネルの開設など、どんどんほかのことに着手していったわけです。そして、今ではテレビ出演もすでに高齢者しか見ないので、縮小させています。

29 ゲーミフィケーションで楽しく目標達成する

私が最近考えているのは、高齢になったとき、いかに都市部以外で過ごす時間を増やすか、ということです。コロナ禍によって、かつての都市部にいるほうが仕事も私生活も好都合、という時代が変わりつつある以上、将来の最適化をし直したいからです。そのために、色々なことを考えたりしなければいけませんが、それをネガティブに捉えるのではなく、ゲーム感覚で経過も楽しみながら進めていこうと思っています。

この、目標の達成や課題の解決に対して、ゲーム的な要素を加えて能動的に取り組みやすくする考え方を、**ゲーミフィケーション**と言います。子どもの学習コンテンツには、ゲーミフィケーションされているものが多くあり、そのやり方を、大人も活用しない手はありません。貯蓄や運動習慣、ダイエット、資格取得のための勉強など、様々な問題に使うのをお勧めします。

人によっては、目標や課題は我慢や苦労をして達成すべきもの、というイメージがあるかもしれませんが、正直それは古い考え方でしょう。我慢や苦労のプロセスを経てこそいいことが待っている、というのは公正世界仮説に基づく神話で、一種の洗脳と言ってもいいと思います。苦労や我慢が報われる保証は、どこにもありません。**むしろ楽しく取り組んだほうが効率が上がるに決まっていて、継続して行いやすくなるのです。**

中長期の遠い目標の達成や、難解な課題の解決をしようと思った場合、どうしても地道な反復やスキルの蓄積が必要になります。その過程で、うまく進んでいるという自信を得られたり、楽しみにできることがなかったりすると途中で止めてしまいます。まめなフィードバックと報酬の仕組みが、私たちの継続力を支えます。

だからこそ、「楽しさをどう取り入れていくか」ということを常に意識してほしいのです。人生の主軸を楽しさにしつつ、成果を出すことが当たり前と考えることが大切です。

家事も仕事もゲーミフィケーション

今年のお正月に、よく行くお気に入りのカフェが福袋として、ドリンクの半額チケット五枚つづりを売り出していました。私はそれをすかさず買い、いかに有効に使うかということを考えました。こういう話をすると、「勝間さんにとって、ドリンクが半額になるかどうかなんて、どうでもいいことじゃないですか?」と聞かれますが、お店も私も得する形で節約ができ、そのお金を投資に回せると思うと、とても楽しいわけです。

また、私は渋滞が大嫌いなので、渋滞にあいそうなときはその時間帯を避けたり、空いていそうなルートを探したりするのも、ゲーム感覚で楽しんでいます。万一、渋滞にはまったとしても、その時間をオーディオブックで聞き読するなどの工夫も欠かしません。

さらに、カフェインフリーやシュガーフリーなどの健康法の実践も、もはやゲーミフィケーションになっています。睡眠の時間と質はスマートウォッチで計測して点数が出るので、完全に点取りゲームです。

何を楽しいと感じるかは人それぞれで、楽しいと思えばどんな要素を取り入れても構いません。一般に、人がワクワクする主な要素は、**達成感、周りの人との社交、好奇心が刺激されること、得意なことをして得る優越感**、という四つです。私は好奇心が強いほうなので、一つの目標や課題に対して色々と道具ややり方を変えながら、新しい発見を楽しんで進めるのが好きです。社交にはそれほど強い興味がないので、チームスポーツや趣味サークルのような形態は苦手です。ただ、同じ目標を持つ者同士が集まって目標を達成しやすくするアプリ、「みんチャレ」は愛用しています。

みんチャレはまさにゲーミフィケーションのためにあるようなアプリで、お互いに工夫を共有し、励まし合いながら目標達成を目指せます。私は数年前に、体力づくりとダイエットのために一日一万歩以上歩くことに決め、そのときにもみんチャレを活用しました。自分一人だとサボりがちになりますが、みんなはちゃんと達成しているのに自分だけ落ちこぼれたくない、という心理作用が働いて、自然とライバル心が駆り立てられます。それが継続できる理由で、おかげですっかり一日一万歩生活が定着しました。

英語の勉強にも、ゲーミフィケーションの要素を取り入れました。私は耳から情報を入れるのが得意なほうなので、英単語や英文が入った音声を移動中や家事をしているときにＢＧＭのように聞きました。得意な方法で勉強することで達成感や優越感を感じやすくなるため、継続しやすいのです。視覚的に情報を入れるのが得意な人は、まずは映画や本で学習するといいでしょう。

二〇一七年に『勝間式　超ロジカル家事』（アチーブメント出版）という本を出しましたが、家事も一種のゲームだと思うと色々な工夫のしがいがあります。いっとき、部屋が足の踏み場もないほど物であふれかえっていて、食事も外食や買ってきたもので済ませていましたが、それを一変できたのはまさにゲーミフィケーションをしたおかげです。しかも、家電は定期的に新しい機能を搭載した新商品が出るので、それを使うとさらにどのぐらい効率化できるか、ということを考えるのも楽しいので、楽しみが尽きないわけです。

実は、仕事も例外ではありません。**私が副業も含めた起業を勧めているのは、自分で事業の設計ができるため、ゲーミフィケーションの要素を取り入れやすくなるからです。**そうして楽しみながら働けてお金を稼ぐことができれば、仕事がつらいという悩みから解放されて、働きがいを取り戻せます。むしろ、ワーカホリックにならないように気をつけなければいけないほど、仕事が楽しくなるのです。

30 世の中は序列付けで動いている

私たちは社会的な生き物で、会社や学校、家庭など、自分が所属するグループの中にはどのような序列があって、自分は何番目に属しているのか、ということを察知して、その上で振る舞い方を決めていると言われます。これを意識的に行っている人と、無意識のうちに行っている人の両方いるようですが、いずれも、自分と他者に対して社会的な序列付けを行っていることに変わりありません。そして、その序列付けが乱されると、誰しもが不愉快になります。

もちろん社会は公平であるべきで、このような序列付けは人間としてはしたなく、見苦しいというのは正しい意見だと思います。しかし、残念ながら現実はそうではありません。人間は等しく平等であるべきという建前と、実際にはすべてが序列付けで動いているという本音は乖離し続けています。

例えば、嫌な上司のパワハラに逆らえないのは、その上司の社会的な序列付けが自分よりも上だからです。どんなに自分のほうが仕事ができて、人望があって慕ってくれる人がいたとしても、パワハラ上司にとってはなんの効力も発揮しません。それを変化させるには、残念ながら、①パワハラ上司よりも上の序列に行く、②周りと結託してパワハラ上司より上の上司に告発をする、③パワハラ上司から離れる、という三つのいずれかを行うしかありません。何も行動せずにジッと我慢していても、状況はまったくよくならないのです。

いわゆる家庭内ＤＶも、収入が多い人が少ない人に対してパワハラやモラハラ、暴力を振るったりするというのが一般的ですが、これも序列があるからこそ、被害を受ける側は逆らえないのです。ジッと我慢しているだけでは何も改善せず、**勇気を出して、自ら行動して状況を変えるしかないのです。**

そこで、我慢をしていればいつか正義の人が助け出してくれて報われる、と考えるのは、私たちが間違って教え込まれた、良いことをした人には良い結果が、悪い事をした人には悪い結果がもたらされる、といった公正世界仮説の罠です。自分が行動を起こさない限り、誰も私たちのことは助けてくれません。どこにも、スーパーマンやアンパンマンはいないのです。**自分がどのような事態に置かれても、自分で考えて自分が行動しない限り何も変わらない、ということを強く自覚すべきです。**

きれいごと抜きの社会の原理原則

次の二つが、きれいごと抜きの社会の原理原則です。

1 世の中は序列付けで動いている

2 公正世界仮説は嘘であり、自分が動かない限り状況は何も変わらない

パワハラやDVなどのドロドロとした世界に関わり合いたくないと思えば、自分の序列を満足できる一定以上に保持する必要があります。そのためには、ドル・コスト平均法による貯蓄や成果報酬型への切り替えなど、人があまりやっていない行動を先回りして行って、自分をより有利な状況に持っていく必要があるのです。

その努力をしないで不利な状況に陥ると、有利な人を羨ましく思うあまり、妬みや嫉《そね》みが生まれます。ネット上の有名人に対する誹謗中傷がなくならないのは、現実の社会的序列付けで〝敗者〟になってしまった人がウサを晴らすためにしていると言っても過言ではないでしょう。もちろん社会的な序列付けが厳しい人すべてが、世の中に対して批判的になる訳ではありません。しかし、厳しい序列のまま生きていくには、より大きな意欲が必要で、それは私たちの心を消耗させてしまうのです。

そうならないために、先回りして動く習慣を身につけましょう。一つ呪文のように覚えてほしいのは**「やるかやらないか迷ったら、やる」**です。私たちは日々の生活の中で、やるかやらないか、迷うことがしばしばあります。そして迷うとつい、色々な言い訳をつけ先延ばしにしがちです。なぜなら先延ばしにしたほうが、思考や体力の節約になるからです。ごくたまに先延ばしにしてうまくいくことがありますが、それで先延ばしにしても何とかなるんだ、と思うのは間違った学習です。迷ったらやる、と心に刻んでください。

31 行動力をつけて「時間価値」が高い人になる

私の周りにいる男性経営者の中には、小さいころに親の保護を十分に受けられなくて、自力で生活費を稼いで勉強するしかなかった、というタイプの人が結構います。多感な時期に行動せざるを得ない状況に追い込まれたために、自ら動くことが生涯の行動のパターンとなり、会社設立に至ったと考えられます。

私の場合は、生活費を自力で稼がなければいけないような幼少期は送っていませんが、二十代半ばぐらいまで順調だった親の事業がテープレコーダー関係で、それが技術革新の波に押されてCDやMDに代替されて、経営がどんどん傾いていく状況を間近で見ていました。また、父親が何度か脳卒中で倒れて右半身が不自由になり、日常生活が難儀になる様子も見ていました。だから私には、お金と健康を守るには予防が一番、ということが生涯の行動パターンとして染み付いているのだと思います。

もちろん、幼少期の経験や家庭環境がその人の生涯の行動パターンを決定付けるわけではありませんが、自分の行動のクセが何に起因しているのか、おおまかに紐付けられるでしょう。

それを踏まえた上で念頭に置きたいのは、**私たちには寿命があって時間は有限である**、ということです。どんな行動パターンを持っているにせよ、行動するのが遅くなればなるほど時間を浪費して「時間価値」を下げていることを意識しなければなりません。

早めに行動するほど時間価値は高まる

「時は金なり」と言われる通り、時間はお金と同じくらい貴重で大切なものである、と考えるのが時間価値です。**どんな行動にも常に時間価値が伴っていて、早めに行動すればするほど、時間価値は高まります**。仮に、その行動が失敗したとしても、失敗から学習できて学習効果が高まるので、基本的に失うものは何もありません。失うものがあるのは、行動に移すのが遅くて時間を失う場合と、結局行動しないで時間も学習効果も失う場合です。

このように考えると、行動して失敗するかもしれないリスクより、「行動しないことによるリスク」のほうが大きいことを理解しやすいでしょう。

新しい商品を買ったりサービスを選んだりするとき、なるべくいいものを選択しようとして、ああでもないこうでもないと迷って、気づいたら数カ月、半年、一年が経ってしまうことがあります。しかし、その期間に失う時間価値を考えたら、そこそこのスペックでクチコミ評価がそんなに悪くないものなら、さっさと新しい商品やサービスを使い始めたほうが得なのです。

普段から「やるかやらないか迷ったら、やる」ということをキーワードにすると、能動的な時間が長くなって前向きなマインドを保持しやすくなります。すべての行動には締め切りがある、とイメージするのもいいかもしれません。**ときどき失敗しながら学習をし、少しずつジグザグになってもいいから前に進んでいくと、自然と変化を怖がらなくなります。**

そして、新しいことにどんどんチャレンジできるようになって、転職や独立、結婚、離婚、移住など、人生を左右するような大きな行動に対しても、余計な躊躇をせずに、しっかりリスクテイクしてチャレンジできるようになるのです。

そうして変化とチャレンジを常としていれば、コロナ禍のような予期せぬ出来事に見舞われても柔軟に対応でき、立ち直りが早いと思います。

怠け者に向かわせるサービスには要注意

私はNetflixなどのストリーミングビデオ配信をある時期から見ることを止めています。月々の料金がもったいないからではなく、一度見始めると私たちを構造的な怠け者に陥れ、次々に見続けさせるようにするあの仕組みがどうしても受け入れられなかったからです。ドラマや映画を観るのも行動に違いありませんが、能動的ではなく、受動的な行動です。

受動的な行動は、時間を無駄にしているも同然で、行動しているとは言い難いでしょう。そうとは気づかずに続けていると、普段の行動も受動的になって、人から言われたことをそのまま行動する思考的な怠け者になりかねません。

怠け者というのは、何も行動しない人だけではなく、自分でリスクテイクを考えることもしない人も含まれると思います。**世の中には、構造的に私たちを怠け者に向かわせてしまう仕組みがたくさんあるので注意が必要です。**

また、身近に怠け者がいると、知らず知らずに行動が阻害されることにも気をつけなければいけません。特にパートナーが怠け者である場合、自分が行動すればするほど、相手に時間を搾取される可能性が高くなり、時間価値が下がって損をします。そして、なるべく損をしたくないと思う結果、相手に搾取されない程度に、自分を適度な怠け者に変化させてしまうのです。

行動力がある人にとっては、行動力がない人が自分の足を引っ張っているように感じますが、逆もまた然りです。行動力のない人は、行動力がある人と一緒にいるだけで、行動できないことをなじられているような気分になります。心の奥底では行動したいと思っているのにできていないので妬みが生じ、それを解消するため相手に嫌味を言ったりして気持ちを落ち着かせようとするのです。

行動力を阻害されたくないと思ったら、自分の周りには行動力がある人ばかりで揃えるのが一番簡単ですが、行動力がない人にもできない理由があるわけです。パートナーであれば協力して、どうしたら一緒に行動できるようになるか、ということを考えるのが賢明です。そうしないと、両者の不協和音はますます強まって、足の引っ張り合いが強くなってしまうからです。行動力をつけるには、自分を含めた集団での行動のしやすさについても同時に考えることが望まれます。

32

謙遜のしすぎは潜在能力をダメにする

日本では褒められたときに謙遜する文化がありますが、これが行き過ぎると「自分なんか」という思いが強くなり、自らプライドを傷つけてしまいます。自分が自信を持っている分野で謙遜する分には大きな傷にはなりませんが、不安がある分野で謙遜を重ねるとますます自信を失って、自分の殻の外に出ていく気力が削がれてしまうのです。すると結果として、チャレンジをするのはもう少し条件が整ってからにしよう、と自分をどんどん安全な方向に向けていくため、チャンスに恵まれにくくなります。たとえチャンスが来ても、手を伸ばしにくくなってしまいます。

人から褒められたときに、「そんなことないですよ」や「私なんてまだまだですよ」などと言わずに、**とりあえず「ありがとうございます！」「嬉しいです！」と答える習**

慣を身につけましょう。過度な謙遜をやめると、自分に対する信頼回復ができて、肯定感も戻ります。

すると、「周りの人もできているんだから、自分もできるだろう」という根拠のない自信がわいて、自分の殻を破りやすくなるのです。殻とは、自分で勝手に決めた限界です。それを破ることができるのは、根拠のない自信しかありません。

「褒め合い同盟」と「失敗上等同盟」

私は「褒め合い同盟」と言っていますが、自分の家族や友人、周りの人を機会があれば褒め合うということをやっていくと、自信がついて殻を破りやすくなると思っています。逆に、「けなし合い同盟」になっていたら……。特に「ドリームキラー」と呼ばれる何かとネガティブワードを発して、人のやる気を削ぐ存在とは距離を置くに限ります。自分の周りにいる人が褒め合い同盟か否かで、チャレンジの範囲がどんどん変わってしまうのです。

そもそも、なぜ謙遜をするかというと、謙遜をしないと嫌な思いをするような心の狭い人が周りに多いから、謙遜するようになるわけです。そうではなくて、お互いが自分のいいところをアピールできて、それぞれに認め合える仲間がいれば、謙遜する必要がなくなります。むしろ謙遜をしたら、そんなことないよと言ってくれるでしょう。

謙遜ばかりしていると、周囲に「自信がない人」「頼りがいがない人」という印象を与えてしまうのも大きなデメリットです。そのため周囲は、何か新しいことを提案しても、ネガティブに捉えられたり、面白い誘いをしても断られる気がしたりするため、声をかけにくくなります。

逆に、ポジティブマインドの人であれば、色んなことを言っても受け止めてくれるという安心感があるため、周囲はどんどん提案したり、誘ったりすることができます。

私たちが人と関わるときには、自分の時間を投資しているわけです。無意識のうちに、投資にふさわしい人がどうかを選別するものなのです。

できれば、褒め合い同盟に加えて、お互いの失敗談を気軽に話せて面白がり合える「失敗上等同盟」もできると、失敗を恐れないようになれます。失敗したらみんなに面白がってもらおう、という気持ちが、新しいことにチャレンジするときの心理的なハードルを下げてくれます。

どうしても私たちは、成功のイメージが八割から九割ぐらいないと、チャレンジしませんが、それが五割ぐらいでも、とりあえずやってみよう、と思えるようになるのです。慣れてくれば二、三割の成功イメージでもチャレンジできるようになって、チャレンジが増える分、失敗から学ぶ学習機会を増やせます。

リスク耐性をつける習慣

私は**「一週間に一つは、新しいことをする」**というペースを堅持しています。これの何がいいかというと、失敗慣れをしていけることです。失敗が特別なことではなく、日常の様々な試行錯誤の一環だということを、体感的に身につけることができます。

これまでの生活を維持できなくなったコロナ禍は、新しいことを試す土壌ができたとも言え、色んなチャレンジをしやすいタイミングだと思います。日々の時間や金銭の予算の範囲内であれば、失敗しても痛手ではないはずです。ある意味、取り返しがつく範囲の失敗こそがもっとも楽しい人生経験であり、学習体験です。そう思えば、失敗をポジティブに捉えられて、自分の殻の外に出ていきやすくなると思います。

殻の内側でできることにリスクはありませんが、リターンもそこそこ絞り尽くしているので、大きな飛躍は見込めません。それに対して、**殻の外というのはこれまで試**

したことのない世界が広がっているので、大きなリターンが見込めるのです。どんなに小さなチャレンジでも、自ら動いて体験することがすべてを変えるブレークスルーになるのです。

様々なチャレンジについて本を読んだり人から聞いたりしたとき、妙に反感を覚えたり、自分はやりたくないと感じることもしばしばあります。しかし、そういったものも、まずはやってみることをお勧めします。アレルギー反応が起きた物事こそ、実はそこに自分の知らない世界が眠っていて、ほんの少しでもやってみると楽しみが待っているかもしれないからです。

よく私は複数の選択肢があったとき、自分にとってリスクがあるほうをあえて選ぶことを推奨しています。例えば、洋服やランチを選ぶときに迷ったら、あまり着ない色やデザイン、新作メニューを選ぶという習慣です。洋服にしろランチにしろ、多少ハズレたとしても命の危険や散財する恐れはないので、多少アグレッシブなものを選んでも生活に支障はありません。普段は定番のものにすればいいだけのことです。

そうしてあえてリスクを取ることでリスクに対する耐性ができて、大きなチャレンジに対しても怖気づくことなく、冷静かつ果敢に挑めるようになるのです。

33 何事もやり切らなくてもいい

私は調理家電のヘルシオホットクックやヘルシオのウォーターオーブンを愛用していることから、よく、どの型番を買ったらいいのですか？　と聞かれますが、自分の予算の範囲で手に入りやすいものなら、はっきり言ってどれでもいいです。実際に一度使ってみないと、自分が求める使い心地はどれか、わからないからです。メルカリややヤフオクなどで一番手に入りやすいものや、知り合いから譲ってもらったものからスタートするのでもいいと思います。

どんなに頑張っても、私たちは世の中にあるすべての選択肢を自分の実行の候補にすることは不可能です。就職や転職、引っ越しなど、人生の選択に関してはできるだけ多くの選択肢を集めることで、自分にピッタリの唯一のものが探せますが、日用品や日常的な行動に関しては選択肢が三個以上でてきたら、ベターなものを選んだほうがいいと思います。多くても、十個ぐらいの選択肢の中から選んだほうがいいでしょう。時間割引率の観点からも、早め早めに実行して、失敗も早めに経験して学習したほうが、次によりよい方法を選択できるようになります。

以前、婚活サービスを経営している友人から聞いて面白いと思ったのは、婚活サービスを利用し始めて三カ月以内に前に進めない人は、どんなにカウンセリング期間を延ばしても結婚に至りにくい、ということでした。時間をかければ、自分にとってベストの人が現れると考えているため、ベターな人の中からデートを繰り返して、相手を選ぶという発想がないからだそうです。結婚のような人生にとってもっとも重要な決定事項でさえ、そんなものなのですから、**ほかの日常的なことで三カ月以上悩むのはバカらしい**、ということが言えるでしょう。

もし今、やろうかどうか迷っていることがあったら、締め切りを作ってください。そして、**締め切り前までに集まった情報の中で、ベターだと思うものを選択して動き出します**。食い散らかし上等で、必ずしもコンプリートしなくていい、という考え方です。私たちは何かをするなら、最後までやり切らないと投資した時間やお金がもったいない、と思いがちです。あるいは、周囲の人にやると言っちゃったから、途中でやめるのは恥ずかしい、といった気遣いからつい撤退戦略を躊躇してしまいます。

しかし、何事もやり切らなくていい、と割り切ると着手するのが簡単になって実行できるのです。ある種、お試し感覚でやってみて、うまくいかなかったり、思っていたのと違ったりしたらさっさとやめよう、というように大らかに構えて動き出せる人が、実行力がある人です。

一発必中の考え方はやめよう

新しいことを実行するときは、一定確率で失敗するのが当たり前です。自分の時間とお金の予算の範囲内であれば、あらゆることに失敗して良いのだという許可を自分に出せば、実行することは難しくなくなります。

気になるサービスがあったらとりあえずトライアルを申し込む。気になる商品があって返品可能なら、まず買う。返品可能でなかったら、あとでメルカリやジモティーで処分すればいいと割り切る。もし売れなかったら、自分が実行力を発揮した証だと考える。そうやって常に一歩踏み出すようにしながら、自分の失敗の許容範囲を広げることが重要です。

実は、最初に試した方法が失敗するのが、とてもいい学習になります。私たちは何も実行せずに学習だけしようとしても、なんの情報も得られません。それが一度失敗すると、否が応でも関連情報が目に付くようになり、自然と改善が進むのです。もちろん、失敗したからといってすべてのことが速やかに撤退できるわけではありません。私はスポーツクラブや英会話スクールなどに入るときに、長期契約をしないように勧めていますが、先生との相性や施設の使い勝手が悪い場合があるからです。それでやめて、ほかのところにチャレンジし直すことはまったく恥ずかしいことではありません。むしろ、自分が始めたい目的に対して、複数のやり方を試してみて自分に合ったものを残すのは賢明なやり方なのです。

私たちが何かを実行して、何年間も、あるいは一生続く習慣にできることは、ほんの少ししかありません。過去の自分に囚われずに、常にやりたいと思ったことはお金と時間が許す限り着手して、継続できそうなものだけを残していけばいいわけです。つまり、一発必中の考え方はやめる、ということです。

34 いい偶然を引き寄せるために行動範囲を広げる

私がちょっと面白いアイデアだと思っているのが、「人生に行き詰まったら、とりあえず引っ越してみよ」という話です。住環境を変えることで周辺環境も変わるため、新しい出会いや発見、チャンスなど、いい偶然が起きやすくなる、というわけです。そうこうするうちに、気づいたら新たな人生の目標が見えてくるものでしょう。

ある意味、人生はロールプレイングゲームのようなものです。ゲーム中に、次に進む道がわからないときはあちこち歩き回って、出会った人に声をかけてヒントを聞き出すように、**人生も、行き詰まったときほど色んな所に行って、色んな人と話すことでヒントが見つかります。**

例えば、いつもとは違う電車に乗って通勤したり、いつもと違うスーパーに行ったりする。そうすることで、いい偶然の機会と出合う可能性が上がります。なぜなら、いい偶然を引き寄せるためには、行動半径を広げることが一番簡単だからです。最近で言うと、私の生産性を著しく向上させたフットスイッチの元祖はなんと「漫画」でした。

確実な正解ばかりを探すのではなく、不確実なものや、周りの人から見たらおかしく見えるようなことでも、自分がピンと来たことに関わっていく姿勢も必要です。一見無駄に見えることでも、多くの発展はたいてい無駄や遊びから始まるものだからです。最初から一つの正解を見つけようとするのではなく、様々なことを試しながら、消去法で正解を見つけるのが、正しい人生の学習の仕方だと思います。

この世で起こっていることで、はっきりと解明されていることは、まだほんの少ししかありません。そのため、非科学的なものや自分と考え方が違う人を拒否しがちですが、より良い偶然を手に入れるためには、なるべく凝り固まった考え方や保守的な考え方を捨てて、頭を柔軟にしておく必要があります。

私はよく、非科学的なものを否定するタイプに誤解されますが、決してそんなことはありません。本当に効果があるのかどうかわからなくても、ひょっとしたらうまくいくかもしれない、というものに結構手を出しています。例えば、左手には腰痛防止に効くというブレスレットもしていますし、仕事机の上には水素の発生器があって、たまに水素を吸いながら音声入力で原稿を口述筆記しています。

こういったものはプラシーボの可能性が高くて、壮大な無駄かもしれませんが、それでも私が自分の収入の範囲で借金をすることなく買うことができ、誰にも迷惑をかけることでなければ問題はないのです。

常に「遊び」の部分を持つ

人生はランダムによる偶然の連続だということを念頭に置いておくと、行動パターンを変えやすくなるでしょう。この先に何がどうなるかは、誰も判断できませんが、様々な場面において、メインストリームと関係ないものを切り捨てるのではなく、楽しそうな誘いには乗って、面白そうな商品を見つけたら、とりあえず店員さんに質問したり、WEBで調べたりするわけです。

その積み重ねが偶然性を味方につけるコツですが、スラック(余裕)がないとなかなかできません。完璧主義になってスラックをなくすことは、偶然に出合うチャンスを減らして、自分の成長機会を失うことと同じです。

様々な企業が伸び悩むのは、コンプライアンスが厳しくなったり従業員が減ったりして、業務以外のことができなくなるときに起こりがちです。また、「イノベーションのジレンマ」という言葉がありますが、これは商品やサービスがバージョンアップするにつれて、既存のユーザーの意見ばかり聞いて過剰対応してしまい、気がついたら新市場を逃したり、既存のユーザー以外の人にはオーバースペックで使えない商品になったりする、という話です。

なぜ過剰対応が問題かというと、遊びの部分を減らし続けることになって、偶然の発展の機会を失ってしまうからです。それと同じことが私たちの生活にも起きるので、**常に遊びの部分を持っておく必要がある**のです。

私は、様々な日用品をＡｍａｚｏｎで購入していますが、多少の割り引きは無視して定期購買にはしていません。定期購買にすると価格が下がりますが、一つの商品に固定化することで、よりよい商品と出合う偶然のチャンスを逃すのはもったいないと思うからです。

第5章

収入に上限はない

――お金の知見

35 稼げるかどうかは自分の能力一割、環境因子九割

どんなに抜きんでた才能や資格、技術があっても、それを生かす場を確保できなければ有効活用はできず、収入につながりません。稼ぐには、自分の能力とそれを最大限に生かせる環境とのマッチングが必要不可欠です。稼げるかどうかは自分の能力が一割、環境因子が九割です。下手したら能力の割合は〇・五割で、多く見積もっても二割でしょう。もし、何かの資格の取得や技術の習得をしようと思ったら、まずはそれらを生かせる環境について調べてからにしてください。そうしないと、時間、労力、お金の無駄遣いになってしまいます。

つまり、自己投資は、環境とのバランスを図った上でするのが基本ということ。女性の場合は、女性だからというだけで割を食う業界や業種、企業を最初から避けるこ

とをお勧めします。そうした企業の体質は、何十年も前から脈々と続いているものです。就職した後で待遇改善を訴えたところで、残念ながら個人が変えることはほぼ不可能だからです。

さらに、自分を生かせる環境を手にするための努力や工夫も、手を抜いてはいけません。例えば、出身大学よりも偏差値やブランド力が高い大学院や、希望する業界で評判がいい社会人大学院に行って最終学歴に箔をつける、いわゆる「学歴ロンダリング」もその一つです。そうすることで、よりいい条件や待遇の企業に雇ってもらえる確率が上がります。

たとえ優秀な人でも、自分の能力を最大限に生かせる環境は限られているものでしょう。それなのに、**多くの人は全体の一割程度にすぎない能力への自己投資にばかり必死になって、環境を探す努力をあまりしません。**私は、環境を探すときは、候補を百～二百挙げるつもりでやったほうがいいと思っています。選択肢は多ければ多いほどいいに決まっているからです。

えてして、新卒で就職するときでも十～二十、転職するときは三～四つの候補の中から、無理やり選ぼうとしていないでしょうか。無理やり選ぼうとする時点で、自分にベストマッチングする環境を見つける姿勢とは言えません。妥協して、環境に自分を合わせようとしています。選択肢をたくさん用意するのは手間がかかり、その中から一つを選ぶのも時間がかかります。しかし、**選択肢を山のように用意すると、ピンとくる選択が必ずある**のです。あ、これだ！　と直感的に察知できます。裏を返すと、ピンとくる選択肢と出合うまで、選択肢を増やすことに時間を使うべき、ということです。

早く決めて安心したいという焦りや、とにかく今の会社を辞めたいという衝動、あるいは、自分は若くもないし大したスキルもないから職場を選ぶ立場にない、といった謎の謙遜もすべて捨ててください。

そして改めて、どんな仕事に興味があるのか、と自問して、それについての本を読んだり、経験者に会って話を聞いたりしましょう。資格の取得や技術の習得は、その後ですることなのです。さらに、転職先を探すのは、手にした資格や技術をもとに副業を始めて、ある程度経験を積んだ後がいいと思います。

ちなみに、転職をするときは、転職先を確保してから現職を辞めるのが鉄則です。現職を続けながら転職先を探すことになりますから、三～五年かかることがあって当然です。そのぐらいかかるものだと思って進めれば、余裕を保ちやすく、選択肢をより増やそうという気持ちにもなれると思います。起業する場合は、起業を夢見てから実現するまでに五年から十年はかけるべきでしょう。五年だとちょっと早いかもしれません。そのぐらい、起業は慎重になったほうがいいと思います。

人は、周りの五人の平均になる

私は二〇〇七年に起業しましたが、二十代と三十代で会社勤めをしていたころから、起業した人たちが周りにいて、起業するノウハウについて色々と教えてもらっていました。この、身近にどういう人たちがいるか、ということも重要な環境因子と言えるでしょう。

起業や転職のほか年収を上げたい、田舎暮らしをしたい、〇歳までに結婚して子どもを産みたいなど、叶えたい望みは色々あると思います。**どの望みも、スムーズに実現するコツは、実際に叶えている人たちに囲まれる環境を作ることです。**彼らと接するうちに、望みを叶える思考や方法が自分の中にインストールされて、自然と叶う方向に向かうのです。

常々、私は意志の力はアテにならない、という話をしていますが、意志を頼りにして目標を達成しようとすると、どうしても挫折しやすくなります。だから、実現している人たちのそばにいられる環境を作って、環境に後押してもらう形にするわけです。するとと気づくと、なんとなく目標を達成できた、ということが起こりえます。実際私が起業したときも、本当になんとなく起業できた、という感じでした。

身近にいる人たちから受ける影響は良くも悪くも大きくて、悪い場合は、自分がどんなに努力をしようと思っても、周りにいる人たちが怠けてばかりいたら、一人で努力をし続けるのは不可能です。強靭な精神力を発揮しても、徐々に燃え尽きて、結局やらなくなってしまいます。

「人は、周りの五人の平均になる」という説があります。アメリカの有名な起業家のジム・ローンが提唱したことで、彼は、人は年収や性格、嗜好など、もっとも時間を多く過ごす五人の人の平均になる、ということを言っています。

それほど、私たちは周りにいる人からは影響を受けるわけです。**好むと好まざるとにかかわらず影響を受けてしまうので、より成長したいと願うなら、自分がなりたいと思う人たちと過ごせる環境を整えることが重要です**。そうしないと、努力するほど疲弊してしまう、という残念な結果を招きかねません。ある意味、身近にいる人たちが、自分の成長のカギを握っているのです。

36 裁量権を広げて、仕事のやりがいを増やす

コロナ禍になってリモートワーク化が進んだことで、仕事を主体的にしやすくなった面と、逆にしにくくなった面があると思います。会社ごとに違いがある印象を受けます。いずれにしても、私たちは仕事の内容や量、進め方について、自分のペースや価値観で主体的に決められる裁量権を持って働くことができないと、どんなに好きな仕事も「やらされ仕事」になって嫌いになってしまいます。

これは社員に限らず、起業した人やフリーランスで働く人にも同じことが言えます。下請け的な仕事が多ければ多くなるほど、自分の裁量権は発揮しにくくなり、せっかくの能力も十分に生かせず、生産性も低くなってしまいます。逆に、特にやりがいは感じず、「そこそこ好き」というレベルでも、自分の好きなように仕事をデザインでき

れば、どんどん好きになって満足度が上がるものなのです。

この裁量権については、拙著『勝間式　超コントロール思考』（アチーブメント出版）にも書きましたが、仕事の最適化に欠かすことはできません。いったい、どうしたら裁量権を発揮できる環境を獲得して、広げることができるのか。あいにく、一つの言動や出来事で劇的に変わることはなく、中長期的に地道なアプローチを続ける必要があります。

こう言うと、はなから諦めて、やる気を失う人が多いのですが、だからこそ実践すれば効果を手にする確率が上がる、とも言えます。

仕事を能動的にデザインする

具体的に心がけたいことは、次の三つです。

1　毎日数分単位でいいから、少しずつ自分の裁量権を広げる意識を持つ

2　裁量権が大きい上司の仕事を率先して引き受けて、確実に実行する。上層部から「任せても大丈夫」という信頼度と影響力を上げる

3　会社や社会の仕組みに頼ってばかりいないで、ダメもとでも、自分で仕事をデザインできることがあったらする。そのための周囲への交渉も諦めずに行う

これらを心がけていると、一年後、二年後には驚くほど仕事がしやすくなって、楽しく働けるようになっていると思います。なぜなら裁量権が広がるにつれて、社内での評価が上がるため、味方もチャンスも増えるからです。

会社の状況や上司に恵まれない場合は、もう少し時間がかかることもあり得ます。その場合は、慎重に相手の反応や出方を見ながら進めたほうが賢明です。それでもいっこうに事態が好転しない場合は、その環境から抜け出すことを検討すべきでしょう。異動や転職をして、裁量権を発揮しやすい環境を獲得し直してください。

大事なことは、いつ何時《なんどき》も仕事を能動的にデザインする姿勢です。誰かがやってくれる働き方改革を待つより、はるかに確実な結果につながります。

37 必要以上に無駄遣いを恐れない

お金の正体とは一体何でしょうか？

お金、つまり貨幣は国の信用をもとに発行された債券です。手元にある一万円札は単なる印刷物に過ぎませんが、誰もが一万円の価値があるということを共通認識として持つことで、初めて一万円の価値が生まれます。その一万円の保証は、日本政府が行っています。過去においては金本位制という制度があり、一万円の貨幣を持っていくと一万円に相当する金（貴金属としてのゴールド）と交換できましたが、今は完全に共通認識に基づくだけのものになっています。お金の役割としては、商品やサービスの価値を決めて、それらを手にするときの交換手段として社会に流通しています。また、富としての価値貯蔵を図られるものでもあります。

私たちが働いて得る労働収入もお金で支払われます。その額は、商品やサービスと同様に、市場の需給で決まります。

どんなに社会に必要とされる仕事であっても、需要に対してたくさんの人材がスキルやサービスを供給すれば、その仕事の給与は上がりません。福祉系や教育系、保育系の資格やスキルが典型で、高齢者や子どもの人口という需要に比べて、多くの人が市場に参入してしまっているためです。さらに言うと、道徳的な価値も求められて、高いスキルを要求されるにもかかわらず、給与水準が低い仕事の大半は女性の供給が多い仕事になっています。

現代においてはずいぶん変わってきましたが、過去百年余り、女性は企業勤めという労働市場からほぼシャットアウトされていました。少しずつ門戸が開かれたものの、主に二年程度の専門学校や短期大学で取得できる資格やスキルに女性が殺到し、過剰供給となった結果、給与水準が低いまま固定されてしまっているのです。

イノベーションが富を生む

いっぽう、日本人でもっともお金を儲けている人は、ソフトバンクの孫正義さん、楽天の三木谷浩史さん、ＤＭＭの亀山敬司さんあたりだと思いますが、なぜ彼らが数千億円もお金を儲けられているかというと、最新のＩＴや金融技術、通信技術などを使って、顧客が欲しがる商品やサービスをどんどん作って既存業者よりも安く提供する、あるいはまったくなかったみんなが欲しがるものを開発して提供しているからに他なりません。

　彼らの事業が福祉や教育、保育園事業に比べて、何千万倍もの道徳的な価値があるとは思いません。しかし、莫大な需要に対して供給している会社が数社しかないから超過利得を獲得でき、そのグループを経営している人は何千億円もの個人資産を積み上げることができるのです。

　お金儲けの歴史は、技術革新＝イノベーションの歴史でもあります。**ほかの人より先立って、製造、流通、技術販売など様々なイノベーションを起こした人が、その恩恵としてお金を得ることができます**。そして、イノベーションの発想は、これまでに生じていた無駄な労働をいかに削るか、というところからきます。

　サイゼリヤの創業者が富を生んでいるのは、レストランチェーンに理数系的な発想を持ち込み、農場から加工、食品供給の過程のどこの生産性を上げてコストを下げれば、価値を創造できるか、ということを担ったからです。結果として、客単価が千円程度で、これまででは考えられない高レベルの食事が提供されるようになりました。

ユニクロもまったく同じで、これまで非効率だったアパレル業界に対して、原材料の調達から製造、在庫管理、配送、販売までのサプライチェーンを統合し、良質なものを大量生産するという仕組みを導入したからです。

また、一部のＹｏｕＴｕｂｅｒが莫大に稼いでいるのは、テレビその他にない魅力あるプラットフォームを技術的に創造したことによるもの、と言えるでしょう。

このように、**お金を生む根源はイノベーションで、イノベーションを起こした本人やその恩恵にあずかった人だけが富を得られる構造**になっています。この構造に道徳的な公正性はなく、人々の欲望をより多く満たした人が儲かる仕組みになっています。

イノベーションの恩恵にあずかるには

では、どうやったら、私たちはイノベーションに関わることができるのでしょうか？　自分にその才能があったり、たまたま身の回りにそういう人がいたりして、自然と恩恵にあずかれる人もいると思いますが、ほとんどの人はそうではありません。自ら、その環境を作っていかなければなりません。その具体的な方法で一番簡単なのは、投資信託のドル・コスト平均法で株式インデックスを買うことです。なぜなら、世界の誰かがイノベーションを起こして企業価値を上げたり、世界を変えたりしたとき、配分という形でおこぼれを手にできるからです。世界のどこかでは、常に誰かがイノベーションを起こしてくれています。それを踏まえた、最低限の恩恵のあずかり方と言えるでしょう。

それ以上の恩恵にあずかろうとしたら、学習、学習、また学習、という姿勢で、とにかく一つでも多くのことを学び続ける気持ちがカギになります。より質のいい学習、より新しい学習を求める場合、ほとんどの場合、金銭的な負担が伴います。

私たちは、できるだけ無駄遣いを避けるように教育されているため、学習教材に対しても、これは無駄遣いではないかと考えて躊躇してしまいます。それで、タダのものでいいものはないかと探したり、できるだけ安価なものを求めたりしがちですが、そのお金は自分の生活や人生を充実させるための投資なので、そこで必要以上に躊躇してはいけないのです。

言い方を変えると、**お金を使うときに、必要以上に無駄遣いを恐れてはいけない**、ということです。お金を使うときに百発百中で、期待以上の商品やサービスを得られるわけではありません。たいていは思った通りで、ハズレは三割、下手したら半分ぐらい含まれます。学習教材も例外ではなく、それでもなお投資する価値があるのです。

こうしたお金の使い方の話をすると「勝間さんはお金があるからできるんですよ」と言われますが、それは違います。私は十代のころから、この発想でお金を使ってきました。

例えば、十九歳で公認会計士の試験に合格したときのことです。試験勉強をしているときに、たまたま通りかかった書店で、アルファ脳波のリラクゼーション作用を引き起こす機械が売られていました。三十年以上前の値段で、三万円ぐらいしましたが、試してみたらとても調子がよかったので買いました。もともと、アルファ脳波には集中力を上げるなどの効用があることを知っていて、カセットテープで聞き流すものは使っていました。でも、毎回テープをセットして再生するのが面倒だったので、専用の機械があってもいいなと思い、アルバイト代をはたいて買ったのです。当時していたアルバイトの時給は七百円か八百円だったので、約四十時間分のアルバイト代をその機械に費やしたわけです。そして、本試験の直前にも、もちろんこの機械を使って適度なリラックスをしてから臨みました。

その機械を使わなくても合格していたかもしれませんが、その機械が私の点数を上げてくれたことは間違いない、と断言できます。

38

人生プランを人生百年時代用に最適化する

二〇一九年三月に内閣府が発表した「生活状況に関する調査」で、四十〜六十四歳の中高年の引きこもり人口が推計で六十一万三千人いる、という衝撃の調査結果が出ました。十五〜三十九歳の引きこもり人口は推計五十四万千人でしたから、若い世代より中高年の引きこもりが上回るのです。男女比率を見ると、男性が七十六・六％と圧倒的に多く、引きこもるきっかけでもっとも多かったのは「退職」で三十六・二％でした。

定年を迎えて会社という一つのステージから降りたとき、仕事以外の付き合いが希薄であったという現実に直面する。そしてほかのコミュニティに属することなく、自宅に引きこもる――そんなイメージが浮かびます。たとえ、老後の資金が潤沢にあっても、人とのつながりがなければ孤独感にさいなまれて、幸せとはいえなくなるのです。

この課題に対して、私は定年という概念を捨てて、働くことを中心に社会へ参画し続けることを提案しています。これは、かねてから私が副幹事長を務めている文化団体の「エンジン01（ゼロワン）文化戦略会議」などで発言していることですが、六十歳で定年退職して、あとは悠々自適に暮らす、というのは人生八十年時代用の人生プランです。もはや古いプランですから、**人生百年時代用に最適化し直す＝定年という概念を捨てる**ことをお勧めします。

もっとも、人生八十年用のプランも、実際には時間を持て余して同居家族に疎ましがられ、こんなことなら働いているほうがいい、と思って再就職する人が少なくありませんでした。バイト採用でもいいから働きに出たほうが自分の居場所ができて、心身ともに健康に過ごせるからです。その選択を、人生百年用のプランでは積極的にするわけです。

とはいえ、現役時代と同じように働く必要はありません。「平成30年度厚生年金保険・国民年金事業の概況」のデータによると、厚生年金の平均年金月額は十四万三千七百六十一円で、国民年金の平均年金月額は五万五千七百八円です。これらの額が、現役時代の収入の三分の一〜半分に当たるなら、六十代以降の収入（資産運用なども含む）は現役時代の三分の二〜半分あれば、退職金を切り崩さないで生活できる計算になります。

シニア雇用は増えている

日本の人口は年々減少していて、労働力不足も問題になっています。そのため、一度家庭に入った主婦や引退したシニアの雇用を増やす取り組みも多く、六十歳以上の求人が増えています。つまり、リソースとして即戦力になるのは二十代の新卒より六十代、という認識が広がっているわけです。雇用側の立場で考えたら、初任給で経験豊富な人を雇えたら、願ったり叶ったりな話です。今後も、六十歳以上の雇用は様々な形態を取りながら増えていくと思っています。そういう明るい材料にこそ目を向けて、老後破綻などの不安をあおる言葉に釣られないでください。年金についても、今後受給できる年齢が遅くなるかもしれないなどと言われていますが、現時点で確定しているわけではありません。不確かな情報に振り回されて不安になり、身動きが取れなくなることが一番もったいないことです。

前述した定年後の収入目標額は、あくまでも退職金を切り崩さないことが前提です。それは心構えとして守りつつ、**実際には五万でも十万でも稼げる額だけ稼げばいい**のです。ノルマや出世を考えて胃がキリキリする思いも、残業する必要もありません。純粋に働くことを楽しめて、再就職仲間ができたり、若い世代から頼りにされたりしたら間違いなく最高です。

ＹｏｕＴｕｂｅやブログを始めてアフィリエイト収入を得たり、手芸などの手作業が得意な人はハンドメイドの通販サイトで売ったりするのもいいでしょう。ＷＥＢデザインなどの専門的なスキルがある人は、発注者と在宅ワーカーのマッチングを行うクラウドソーシングサイトに登録するのもお勧めです。また、コロナ禍の新しいビジネスモデルとして、インターネットライブで通販番組のように物品を売る、という方法も登場しているようです。

老後を考えてお金の不安に襲われる気持ちもわかりますが、今からできる対策は結構あるのです。私が一貫して勧めている投資信託のドル・コスト平均法による貯蓄も、その一つ。ネット証券で口座を開設すれば、今すぐできます。

39 労働収入だけではなく、金融収入も得られる環境をつくる

バブルの歴史の本を何冊か読み直したところ、かの有名なオランダのチューリップバブルや、イギリスの南海泡沫事件など、様々なバブルが起きていますが、実に驚くほどバブルの発生から崩壊の歴史まで、毎回同じような経緯をたどっています。最近の事例では、ビットコインを筆頭とした暗号通貨はバブルの典型だと私は考えています。人々のお金に対する欲が、実体経済や規制、冷静な監視の目などをすべて通り越して、バブルを作り上げるのです。

なぜ私たちは、こんなにお金が欲しいのでしょうか。それは、現代社会においては**お金がどれだけあるか、ということが夢や目標の達成、生きやすさ、周囲から受ける待遇にまで響く**からだと思います。人が掲げる夢や目標のすべてとは言いませんが、

その大半は金銭的な解決が可能です。おそらく手元に十億円程度のお金があれば、ほとんどの人は自分の一生の生活を賄った上で、やりたいことができるようになるでしょう。

ただ、実際の私たちの生涯賃金は一億〜三億円で、しかも一度にまとめてもらえるわけではなく、月々に分割でもらいます。しかも大半は生活のために使ってしまうため、数万円でも数十万円でも儲かる投機チャンスがあったら、魅了されて当然なのです。猫にマタタビを見せるようなものです。

過去にバブルを起こした様々な株式や投資は、借金をしてレバレッジをかけることで起こっていました。十％の頭金を入れると、残りの九十％分で様々な株式や債券を買えたのです。このやり方は現在も残っていて、株式市場における信用買いの取引や、FX市場でのレバレッジをかけた取引もまったく同じです。どう考えても怪しいやり方ですが、それでも人々が魅了されるのは、「自分が十分な収入を得ていないから、なんか胡散臭い話だと思っても、一攫千金のチャンスを狙ってリスクを取っている」からです。

私は長年、一貫して投資信託のドル・コスト平均法による貯蓄を推奨していますが、これができるのは収入の一部を投資信託に向けられる余力がある人だけです。もし、かつかつの生活をしていて、どうしても数万円あるいは数十万円単位のお金が欲しいと思ったら、宝くじやパチンコなどのギャンブルに走ったほうが、主観的な確率としては上になります。それと投機に走る人たちの理由も同じで、投機だけが自分が置かれた「お金による階級」を突破する現実的なチャンスだと考えているのです。

日本は「お金」による階級社会

「お金による階級」があることが、なかなか大きな声で話されない理由は、平等を謳われた現代の日本における最大のタブーの一つだからです。特に、今の自民党政権というのは、お金の階級が上の人たちを守るための政党です。政治家も政党員も、そして自民党を支持する人たちもすべて、お金の階級社会における勝ち組だと言えるでしょう。**そうした現実から、私たちは目を背けることなく、収入や資産の金額で階級付けされていることを理解しないと、現実的なお金との付き合い方、すなわちマネーリテラシーは身につきません。**臭いものに蓋をしたままの綺麗事で終わり、収入も資産も増えないのです。

なぜ私たちがある一定額以上の収入を必要とするかというと、社会で一定の待遇以上を求めて、人間らしい扱いをされるために必要になる現実があるからです。もちろん、マイルドヤンキーと呼ばれるようなライフスタイルで、野心を持たずに生まれた土地から出ることもなく、少額の収入で、小さいころからの仲間と楽しく暮らす、という生活も選択できます。しかし、そうしたライフスタイルがよく揶揄される形で取り上げられることから、心から望んでいる人は少ないでしょう。

私たちが得られる収入の源泉というのは売り上げであり、その売り上げは顧客単価と顧客数の掛け算から生まれます。**どんなに社会的に意義ある仕事でも、顧客単価が低かったり、顧客数が少なかったりすると売り上げにつながらず、十分な収入を得られません。**だから、福祉系や教育系、保育系の仕事はある一定の公共の枠組みを守ろうとすると、顧客単価もそこに従事する人たちの給料も低くなってしまうのです。

逆に、エンタメ系の仕事が一攫千金になりやすいのは、顧客単価は決して高くないものの、日本をはじめ全世界に潜在的な顧客がいて、多くの顧客の心をつかむことができれば、音楽でも映画でも漫画でも大きな売り上げを上げることができます。顧客数の多い職業が儲かる理由は、それだけ需要が大きいからです。収入というのは需給のバランスで決まるので、多少需要が小さな市場であっても、自分一人や数人しか供給者がいなければ十分な収入を得ることができます。

自分がどの分野でどのぐらいの収入を得たいのか、また、その収入の一部を使ってどのぐらいの資産形成をしたいのか、ということは自分で目標を決めて設計しなければなりません。具体的に、年収は一千万円以上欲しい、老後の資金として資産を二千万円貯めたい、というふうに決めて、それを達成するにはどうしたらいいかを徹底的に考える必要があるのです。

どうしても私たちは与えられた環境の中で、どうにかしようと考えがちです。つまり、今いる会社で出世して収入を増やそうとしますが、その枠組みでの収入増は限られています。従業員のままで収入を増やそうとすると、どうしても過当競争になるので、同じエネルギーを使うのなら、ほかの方法のほうが効率がいいかもしれません。今の会社で、自分の実力や才能をしっかり生かせていると言いきれなければ、なおのことだと思います。

収入や資産を増やすためには

もし従業員という枠組みの中で大きな収入や資産を狙いたいとしたら、一つのお勧めは、**ストックオプションや従業員持株会がある会社に入社する**ことです。もちろんこれは一種の賭けになるので、当たり外れが大きい上、ブラック企業も多いので注意してほしいのですが、うまく成長企業に入ることができたら、一定レベルの給与のほかに、その企業の株価上昇による分け前を得られます。数千万円から数億円単位の大きな資産を、分割ではなく一気に手にできるでしょう。

また、**自分自身がIPO、すなわち株式公開できるような企業を作る**というのも一つの案です。株式公開できる企業というと、とてつもなく立派な企業のようなイメージがあるかもしれませんが、まったくそんなことはありません。これはバブルの時代からあることですが、泡沫会社と言われるように、過去においても現在においても、新しく上場する企業の九十%ははっきり言ってダメダメな企業です。ただ、ほとんどがダメダメであっても、ほんの十%の優良企業が生まれるため、その十%のためにたくさんの企業を上場させ、様々な競争が生まれるわけです。

新規公開された株式を買う人たちも、ほとんどの株式は将来的にはダメになってしまうことをわかって買っています。それでも、ほんの少しだけ十倍にも百倍にも値上がりがする株があるからこそ、新規公開株というのは機関投資家にも個人投資家にも魅力的なのです。IPOの新規公開株の購入権利は抽選によって決まるので、この抽選に証券会社を通じて、せっせと参加すると何%かの確率で当たります。そうすると、ほとんどの場合、払込金額よりも公開後の金額のほうが値上がりします。

お金というのは実体経済で物の売買を通じて動いているお金のほか、株式公開や金融取引のような形でも大きく動いています。その両方の動きを味方につけないと、収入も資産もなかなか増えません。それを味方につける方法がストックオプションや従業員持株会であり、独立して株式公開することであり、投資信託のドル・コスト平均法で株式インデックスを積み立てることは最低条件になります。

資本主義は腹が立つほどお金の配分が不公平で、労働収入だけではなく、金融収入も得るようにしないと、収入も資産もうまく増やせない仕組みになっています。自分はどのくらい収入や資産を積み上げたいかを考えて、そのためには今の環境の中でベストを尽くすという選択肢だけではなく、転職や独立も視野に入れて環境を構築しましょう。

40 「収入の七～八割」で暮らす

経済評論家という仕事柄、昔からよくお金の貯め方について質問されます。特に、リーマンショックのような金融危機が起きたり、老後二千万円問題が話題になったりすると急増し、雇用喪失が起こり得る未来が見える今も、「どうしたらいいですか?」と聞かれます。それに対する私の答えはシンプルで、「特別なことをする必要は何もない」です。

逆に言うと、**普段から、世の中がどんな経済状況になっても大丈夫なような生活設計をしておく**、ということです。そうすれば、不況になっても消費行動を大きく変える必要はありません。もちろん、残業代などが減って収入が減るケースもあるでしょう。しかし、そういった可変的な収入はあらかじめ見越して、それがないと成り立たないようなな生活設計は最初からしないようにするのです。

こう言うと、「生活費が足りなくなるのだから仕方ないではないか」といった反論の声が上がりますが、それは景気がいいときを前提にした生活設計をしているせいです。景気がいいときも、収入の七～八割で暮らす習慣さえ身につけていれば、多少収入が減っても生活費をカバーできます。毎月二～三割ずつ貯めていけば、四、五カ月で一カ月分の収入が貯まり、不測の事態が起きたときのロスを吸収できます。収入の九割で暮らして一割を貯蓄に回す、という生活設計ではロスを吸収できないのです。

別の言い方をすると、**景気がいいときに浪費する習慣が身についてしまうと、景気が悪いときに困る**ということです。さらに言うと、浪費は景気を刺激しすぎてバブルを招きます。逆に、不景気に陥る一番の原因は、多くの人が少しずつ財布の紐を締めることで、景気が悪くなるとまた財布の紐を締める、という悪循環に陥ることです。つまり、安定した景気を保つためには、過度の変動を抑えることが基本になるのです。

収入の二～三割は給料日に天引きする

経営の神様として知られる松下幸之助さんも、「全収入の八割のお金でやりくりする」ことを推奨していました。私は可能であればあともう一割増やして、七割で生活することをお勧めしています。雇用喪失対策に加えて、人生が八十年時代から百年時代に延びた分、貯蓄も増やしたほうがいいと思うからです。貯蓄は、変動費にあたる病気になったときの治療代や自己投資の資金などを吸収する意味合いもあるので、余裕が多いほど安心できます。

収入の二～三割は必ず給料日に天引きして、投資に回しましょう。お金が残ったら貯めるというやり方では、お金は貯まりません。私たちの意思決定のほとんどは、無意識に行われています。それをうまく利用して、天引きして最初からなかったものにして、残った分を最適化して生活設計する、ということを無意識に行うようにするのです。そして、天引きした二～三割は投資信託のドル・コスト平均法の積み立てで、「お金に働いてもらう」ようにしてください。これは、二〇〇七年に『お金は銀行に預けるな』を出して以来、十四年にわたって主張し続けていることですが、ここで改めて強調しておきます。**余剰資金は、銀行や郵便局の口座に預けてはいけません。まったく増えずに、死に金になるだけです。**

ドル・コスト平均法とは、手数料がタダ同然のネット証券などの証券会社を通じて、毎月一定日に一定金額で、世界全体の株式や不動産を対象にした「全世界インデックス」や「世界不動産投資インデックス」などの金融商品を、薄く広く買い続ける投資方法です。**このドル・コスト平均法のメリットは、投資の対象やタイミングを分散させるため、資本主義が続いて、世界経済がごくわずかでも成長すれば、中長期的にマイナスになることがない、という点です。**日本国内の経済成長率が下がっているときは、グローバルな視点で投資をするのが賢明です。乱高下が激しい仮想通貨よりも、格段に安全です。

また、日本の人口は減少していますが、世界的には増えています。コロナ禍を経験して一時的に減少しているものの、国連などの報告によると、世界人口は少なくとも二〇五〇年までは増え続けることが予想されています。世界の人口が増えれば、世界の不動産の価格も上がるので、世界不動産投資インデックスもお勧めしているわけです。

いずれの商品も、様々な投資顧問会社が作っていて、ネット証券で買うことができます。インデックスファンドで売買手数料が無料であり、かつ、信託報酬の安いものであれば、どこの会社の商品を買っても構いません。初めてで、できるだけ少額から始めたいという人も、百円から買えるものもあるのでぜひ探してみてください。

私が運営する勝間塾で、まったくの投資素人の塾生（五十代・女性）で、八年間で資産を四十%増やした方がいます。年換算で五%の利子を得たことになります。かたや、銀行や郵便局に預けても、利子はよくて小数点第一位で、大半が小数点第二位です。ないも同然で、何年預けても「お金を寝かせている」だけです。振込や夜間の引き出しなどの手数料を取られたら、あっさりマイナスになってしまいます。

コロナ禍になった当初に株価暴落騒ぎが起きましたが、そういうときでも私は一貫して「とにかくドル・コスト平均法を続けよう」と言い続けています。株価が下がっているといつい解約したくなったり、同じ銘柄の株を買い増して買値の平均単価を下げるナンピン買いをしたくなったりします。しかし、**大事なのは定額を淡々と積み立てること**です。ドル・コスト平均法は時間を味方につける蓄財法の典型です。株価の値上がりや値下がりに一喜一憂せず、最低五年は続けましょう。投資信託は儲からない、と言う人のほとんどは短期間でやめてしまっていることが原因です。早く始めているほど複利で上昇していくので、思ったが吉日で始めてください。

変動が激しい時代は持ち家よりも賃貸が正解

雇用喪失が起こり得る人生百年時代を生き延びるには、**住居は持ち家ではなく、賃**

貸を選ぶことが賢明だと思います。賃貸なら身軽に引っ越しができて、いつでも生活を縮めることができるからです。私も長年賃貸で暮らしています。また、在宅ワークが普及したことで、今までのように東京に縛られる必要性が下がっています。地方移住という選択肢を取りやすくするためにも、賃貸がお勧めです。あとは料理や掃除、洗濯などの自活力をつけて、できるだけなんでも自分でできるようにしておけば、どんな時代も生き延びられると思います。

私自身、一時期コロナ禍によって収入が二割ぐらい減りましたが、ずっと収入の三割以上をドル・コスト平均法による投資に回して運用しているので、特に生活を変えずに済みました。これまでしていた旅行や、友達と食事に行く機会がなくなった分、八割以下で暮らしているかもしれません（なお、一年間で仕事のやり方をオンラインに集中させ、収入はすでに回復しています）。この先、八十代や九十代になったら、私も公的年金だけで暮らすことになると思います。そのときも今の生活を続けられるようにするのがサスティナブルな生き方で、それを目標にしています。だからもし元の生活様式に戻っても、余計な贅沢をするつもりはありません。

41 コストパフォーマンスを徹底的にチェックする習慣を持つ

お金をコントロールするのは、自分の力をコントロールするのと同じです。どんなにお金を稼ぐ力があっても、上手に使う力がなければ、たちまちうまくいかなくなります。お金を上手に賢く使うには、コストパフォーマンスを徹底的にチェックする習慣を持つことが基本です。これは、ケチになるというのとはちょっと違います。**自分が価値を感じる商品やサービスに対してはどんどんお金を使い、逆に価値を感じないものについては安くても一切使わない習慣です。**価値を感じるものにだけ使うからこそ、受け取れる幸せの価値が上がる、と考えます。

私は大手チェーン店系の洋服や食品を好んで買いますが、それは素材や材料について細かく情報が開示されていることと、大手に成長するまでの過程にあった価格競争に勝ってきたため、コスパがいい商品群だからです。自分を特別な存在として認めてもらいたいと考える人は、洋服や食事に対してもスペシャル感を求める傾向がありますが、本人の中身がスペシャルであれば、食事も洋服もスペシャルである必要はないと思っています。

スペシャル感を求める傾向は、経済学用語で「顕示的消費」と言い、実質のコストパフォーマンスを追求するためではなく、いわば、見せびらかすための消費です。飛行機に乗るときは、ビジネスクラスやファーストクラスを使いたがります。そうした顕示的消費とは一線を画して、コスパがいい商品やサービスを中心にした消費行動にすると、決めた予算内で楽しみを追求できるようになります。むやみやたらに、ハイクラスのものを求める感覚がなくなります。ただただ安いものを探すのでも、ただただハイクラスのものを探すのでもなく、自分が支払うお金に対するパフォーマンスが見合うものだけにお金を使う習慣をつけていくのです。

最近私は、牛乳はほとんど「明治おいしい牛乳」ばかり買っています。ほかのプライベートブランドの牛乳と比べると多少割高なのですが、味が合格点であること以上に、丸い広口キャップの注ぎ口が気に入っているからです。ユニバーサルデザイン仕様で幅広い年齢層に使いやすくなっている上、リキャップできるため注ぎ口に手が触れることなく衛生的、かつ、牛乳の風味を保ちやすくなっているそうです。ずっと、手で開け閉めする紙の注ぎ口は衛生面や風味が落ちるのが気になっていたので、あのキャップの登場には嬉しさを覚えました。それが多少割高でも買う価値で、自分が快適だと思う世界観を実現するための手段として、お金を使っているのです。

コスパが悪い商品とは

私はことあるごとに、広告を見ることの危険性に注意を促しています。**広告されている商品というのは広告をしなければ売れない商品である上、広告費が上乗せされた形で販売価格が決められているため、コスパがいいとは限らない**からです。

コスパが悪い典型例と言えば、**終身生命保険**です。もともと生命保険は、私たちが早死にしない限り損をする仕組みになっているのでそれなりに高く、終身は貯蓄分も加わるためダブルでコストが高くなってしまいます。例えば子どもを一人で育てていて、十分な資産がなければ掛け捨ての保険をかける必要があると思いますが、子どもがすでに成人したら必要ありません。ガン保険や医療保険もコスパが悪く、先進医療を受けない限りは国が補償する保険制度で十分カバーできます。どうしても不安であれば、最小限の保険に入ればいいと思います。

住宅の購入も、一般個人には過大な債務となるため、私はあまり勧めていません。どうしても買いたい場合は、その住宅が市場で競争力があるのか、すなわち、賃貸に回したときにすんなり借り手がつくか、ということを判断基準にするといいでしょう。ただし、住宅ローンは非常にリスクの高い行為であることを自覚してください。

なぜ住宅ローンがリスクが高いかというと、その後数十年にわたって買った住宅が値下がりをせず担保価値を保てることと、ローンを設計した時点の収入を保てることを前提にしているからです。かつて、住宅が値上がりし収入も右肩上がりの時代には、住宅の購入は悪い投資ではありませんでした。しかし、現在の日本は人口が減少していて、一等地を除いた住宅は値上がりする可能性が小さく、また、今後もコロナ禍のようなことが起きて収入が減る可能性があるため、非常にリスクが高いのです。

無意識にお金を使っている

私たちは、昇給したりボーナスが上がったりして収入が増えても、それを資産形成に使わない限り、何に使ったか分からない結果になりがちです。つまり、**お金のほと**

んどを無意識に使っているということです。証券会社や銀行の定期預金に入っているものはなかなか使いませんが、普通預金に入っているものはついつい引き出して使っています。お財布の中に入っているお金は、いつの間にか雲散霧消してしまいます。

いっとき、仕事で消費者金融の研究をしたことがあるのですが、消費者金融の顧客の特徴は、二十万円という与信枠を顧客に与えた場合、ほとんどの顧客がその与信枠ギリギリまで使うようになることです。もともと消費者金融に行く段階でお金に困っているわけで、借りに行くまでに相当支出の我慢をしています。そこでお金を借りられると、借金ではなく、まるで二十万円の貯金があるような感覚でお金を使い尽くしてしまう、ということでした。その錯覚は、まさに私たちがお金を意識的に使えず、無意識に使っている証でしょう。

以前、堀江貴文さんが「寿司職人は半年で十分に育成できる」といった発言をSNSでしたところ、大きく叩かれたことがありました。理由は、お寿司の付加価値が激減してしまうからですが、私は堀江さんの意見に賛同しています。少なくとも、私はお寿司を食べに行くとき、個人経営で客単価が数万円もするお店に自ら選んで行くことはありません。生産性が低すぎて、その生産性に、私が苦労して得たお金を費やす気になれないからです。

いっぽうで、職人さんが握った数万円もするお寿司を食べるのはこの上ない贅沢で、心を満たしてくれる、と考える人もいます。これも前述した顕示的消費の一種で、私の目には、ステイタスに対する憧れに導かれた行動に見えてしまいます。

今現在、自分の収入と支出のバランスが取れていて、十分な資産もあるのであれば、あえて自身の消費行動を疑う必要はないでしょう。そうではなくて、いつもお金が足りなくなる、資産形成が思うように積みあがっていない、という場合は、きちんと消費行動を振り返って、目標を妨げる顕示的消費をしていないかを確認してください。

できれば、お金を使うときには、**このお金は自分の目標を達成するためにどのくらい貢献しているか**、というフィルターを通すようにするのがお勧めです。貢献度が高い使い方は自己投資になりますが、そうでなければ単なる消費です。できるだけ、自己投資的な使い方を増やすようにしましょう。

42 プロアクティブに生きて収入を上げる

よく、自分探しややりがい探しというキーワードを目にしますが、いっそのこと、私は収入アップ探しをするといいと思っています。うまく鉱脈を当てられれば収入がどんどん上がって、それに比例して自信がつき、どんどん満足いく自分になれる、という好循環が生まれるからです。

収入アップ探しをすることは、決して恥ずかしいことではありません。お金をたくさん稼ぐことは社会により多く貢献した証で、税金もたくさん払います。私は十代のころから、収入アップの情報を集めていました。中学のときの同級生でお金持ちの子がいて、親は何をしているか聞いたら公認会計士だと教えてくれたので、すぐ公認会計士の仕事について調べました。公認会計士になってからは、仕事で監査をすることで色々な会社の賃金台帳を眺める機会があり、業界による賃金差にびっくりして、外資系の金融に転職する決意をしました。

収入の上限はない

収入アップを目指そうとするとき、一番初めにしてほしいことは何かと言うと「自分の収入には上限があって、その範囲で暮らすことが吉である」という思い込みを外すことです。**収入の上限はありません。**

色々な平均値を算出するときによく事例として出されますが、日本の平均所得を計算すると、単純平均だと世帯あたり年間五百五十二・三万円あまりになって、中央値の四百二十三万円よりもかなり高い数値になります。これはなぜかと言うと、年収が二千万円か、それ以上ある一・三%の世帯が大きく平均値を押し上げているためです。さらに、年収が数億円や数十億円ある人たちも、日本においてもまったく珍しくありません。

現に、富裕層向けのサービスとして、入会金二千万円のゴルフクラブ、一千万円を超える外国車、港区と同じぐらい高い軽井沢の別荘地の土地代金が存在します。富裕層が利用するレストランは、客単価五万円以上が普通ですし、土日のゴルフのゲスト料金は三万五千円ぐらいです。そういったサービスを利用するのは自分とは別世界の人だと割り切るのではなく、自分も、何かのきっかけがあればそちらに行く可能性が十分にある、と考えましょう。

何も、贅沢をしろ、と言いたいわけではありません。**自分が本当にやりたかったことについて、収入が少ない、お金がない、という理由で諦めなくても済むようにしよう**、と言いたいのです。

もちろん、世の中にはやりがいが大きくて、収入が少なくてもその仕事を続けたいと思っている人もたくさんいると思います。しかし、短期間ならその状態で満足できるかもしれませんが、中長期にわたって収入に限りがあると、どうしても生活に影響が出てしまうため、だんだんと不機嫌になってしまうのです。

私は、自分の目標年収の年表を作ることを勧めています。非現実的すぎる金額ではなく、あくまでも自分が背伸びすれば叶いそうな金額を設定して、それに到達するために、一年後、三年後、五年後、十年後と、段階的な目標額も設定します。同時に、現状とのギャップを見つめて、何をすればこのギャップを埋められるかを考えて、自分の中に、その方法を探すアンテナを立てます。

そして、普段の生活の中で「これは、将来的な収入アップにつながるかどうか」ということをフィルターしていくのです。日用品の買い物や食事、同僚や友人との雑談など、**様々なシーンで収入アップにつながりそうな情報に敏感になり、その中で自分が実践できそうなものがあれば実践していきます。**

例えば、証券会社のＩＰＯの募集に応募すると一定確率で当選して、当選した場合には数万円から数十万円程度の利益が見込める、という情報を見聞きしたら、ささっとググって実際にやってみるわけです。

何もしない人とは、将来の収入がまったく変わります。見聞きするだけで、自動的にお金が手に入る方法などなく、一日二十四時間、一年三百六十五日、様々なヒントを得ながら、一つずつ試していく以外にお金を手にする王道はありません。ある意味ジタバタと、収入アップに関する情報収集と実践を続けていくと、それが偶然の機会に実って、いつの間にこんなに収入が上がったんだ！　というのが、よくある収入アップのイメージです。

受け身的な生き方をやめる

厳しいことを言うようですが、みんなが使っているからという理由でiPhoneを使って三大キャリアに入り、なんとなくSNSを眺めながら会社に行って、言われた仕事を言われた通りにして、似たような仲間と会っている限りは、収入は一円たりとも上がりません。

受け身的に生きている限り、よほどお金持ちの家に生まれない限り収入アップは望めません。裏を返すと、**収入アップを目指すことは、プロアクティブ（先見的）に生きるということ**、と言えるのです。

例えば、すごく流行っているお店を利用したら、その会社のIR情報を調べたり、店員さんにいつからお客さんが増えたのかなど、直接聞いたりするといいでしょう。転職情報なら、転職エージェントなどの専門家から、最近のトレンドや分野ごとの収入状況についてかき集めます。独立情報は、実際に独立して五年以上経ってうまくいっている人たちから、どうやって「安く仕入れて高く売る」を実践しているのかを教わります。

仮に今勤めている会社が大企業で規制に守られていたとしても、安泰とは言えない時代です。誰しも、プロアクティブに生きないと取り残されてしまいます。より収入が高いほうへステップアップし、自分の市場価値を高めていきましょう。

第6章

体力はお金より仕事より大事

―人生百年時代の知見

43 人生最大の投資は健康

どんなにやりがいのある仕事があって、お金や人に恵まれていても、不調や病気に悩まされていたら、それらがもたらす幸せを満喫することはできません。治療費や薬代をはじめ、回復するまでの時間、そのために失った仕事の時間と収入など、不健康はコストがかかることを痛感するでしょう。そうならないために、人生で優先順位を上げて対策を立てるべきは健康です。健康はすべてのベースで、最大の投資対象なのです。

私が積極的に健康投資を始めたのは四十代に入ってからで、きっかけはダイエットでした。どうしたら健康的に無理なく適正体重になれて、一生リバウンドせずに楽に維持できるか、ということを模索した結果、正しいダイエット法と健康法はイコールだということに気づきました。その中で、ずっと変わらず続けていることが二つあります。それが、**睡眠時間を七〜八時間取る**ことと、**こまめに動いて一日一万歩以上歩く**ことです。

不調や病気の大きな原因は睡眠不足

これまでの著書やYouTubeでもお伝えしていることですが、**現代人の不調や病気の大きな原因の一つは睡眠不足にあり**ます。端的に言うと、人は起きている間に老化して、溜まった老化物質を睡眠中に洗い流しています。睡眠不足になると老化物資を洗い流しきれないため、見た目も中身も老化して、不調や病気につながるわけです。つまり、不調や病気を防ぎたいなら寝ろ、ということです。最新の有力説では、睡眠時間は七時間台でも足りず、八時間台が理想だと言われます。そのことを踏まえて、私は二十二〜二十三時の間に寝て、六〜八時の間に起きる、というパターンを基本にしています。

多忙を極めた三十代のときは、寝て五、六時間でした。当時と比べると体調は今のほうが圧倒的によく、体重は最大六十二か六十三キロから五十キロ前後まで減りました。痩せた要因として食事の影響も大きく、食事についてては後述しますが、睡眠も肥満と無関係ではありません。睡眠がちゃんと足りていないと、食欲をコントロールするホルモンのバランスが乱れるからです。

食欲をコントロールするホルモンには、食欲を抑えるレプチンと食欲を増進させるグレリンの二つがあります。睡眠時間が短くて活動時間が長くなると、その分、体はエネルギーを必要とするため、グレリンの分泌を増やして食欲を増進させます。逆に、睡眠時間をちゃんと取れば、活動時間が短くなって過分なエネルギーを必要としない分、レプチンの分泌が増えて食欲が抑制されます。その結果、適正体重になって体型を維持しやすくなるのです。

私は、スケジュールを組むとき、**毎日最低七時間、できれば八時間寝る時間を確保して、残りの範囲で仕事や読書、趣味のスポーツなどを入れる**ようにしています。実際に、ちゃんと寝るようになったら食欲の乱れがなくなって、食べすぎがなくなったことを実感します。いつも睡眠時間と睡眠の質をスマートウォッチで測っていて、質は百点満点中八十点以上を目指しています。

時間だけではなく質も上がると、昼間に眠くなることがなくなって、パフォーマンスがよくなります。疲れにくくなって、集中力が持続しやすくなることも実感します。

かつて、自分は夜型人間だと信じて疑っていませんでしたが、そんな私でも二十二～二十三時の間に寝て、六～八時の間に起きられるようになりました。きっと、夜型だったのは、単に睡眠のリズムが崩れていただけだったのだろうと反省しています。

週一のジム通いより、こまめに動くこと

ずっと続けている健康投資の二つ目は、一日一万歩以上歩くことです。昨今、座りっぱなしは喫煙や飲酒と同じぐらい健康被害があると言われていますが、多忙だった三十代は通勤を含む移動は車だったので歩くことが少なく、会社では座りっぱなしでした。平日の家事は家政婦さんにお願いしていたので、家にいてもほとんど動かずに済みました。買い物は全部宅配ですから、買い物のために出かけることもなく……。歩数計はつけていませんでしたが、おそらく、一日平均三千～四千歩で、よく歩いたと思う日で五千歩程度だったと思います。

これではマズイと思ってジムに入会し、週一回は有酸素運動や筋トレに励んだ時期もありました。でも、その程度の運動量では日ごろの運動不足を解消できないわけです。必要なのは、**通勤や家事、階段昇降などの日常生活活動による消費エネルギー、**

すなわち非運動性熱産生（NEAT／ニート）を増やすことなのです。

そのことを知ってから歩数と消費エネルギーをスマートウォッチで管理し始めて、原則的に車移動をやめ、普段の移動は公共交通機関を使うようにしました。駅構内で階段とエスカレーターがあった場合には、躊躇なく階段を選びます。乗り換えの回数が多くてもまったく気にしません。電車で一〜三駅のところへなら、歩いてしまうこともよくあります。一キロの距離は余裕の徒歩圏内で、歩くのが当たり前になっています。自分の足に合った靴を履いて、荷物を小さくすると、躊躇なく歩こうという気持ちになれます。

私の歩幅がだいたい六十〜六十五センチなので、一日一万歩歩くと、六〜六・五キロです。始めたばかりのころは一日一万歩歩くと疲れて、夕方になるとグダグダに……。それで、三日坊主で終わらないように、友達同士で一日一万歩歩く「みんチャレ」を作り、お互いにスマホの歩数計画像を送って励まし合いながら続けました。その結果、一日一万歩歩いても別になんともなくなって、疲れを感じなくなりました。

歩くのも慣れの一種で、歯磨きをしないと気持ち悪いように、一日三千歩ぐらいしか歩いていないと、体が重たく感じて寝付きも悪くなるのです。そうなりたくないから、ついつい歩きたくなる、という好循環になります。家にいても、仕事に集中して座りっぱなしになると、動きたくなるのです。それでゴルフの練習をしたり、ＶＲゴーグルのオキュラス・クエストをつけてリズムゲームをしたり。**家での運動習慣を身につけるには、部屋を片付けておくことがポイント**です。散らかっていると、運動するスペースを確保するために片付ける必要があり、それが心理的な障害になって、運動しようと思ったけどやめた、となりやすいからです。

ウエストがLサイズからSサイズでもブカブカに

そんなふうにこまめに動くようになって、一年後には足腰が丈夫になって、体の動きがよくなってフットワークが軽くなったことを実感しました。気づくと一日平均一万二、三千歩になり、一万五千歩を超える日も。かつての三、四倍以上の運動量です。おかげでゴルフに行っても、最後の十八ホールまで体力が持つようになりました。ゴルフは、カートを使っても一万五千歩ぐらい歩きます。以前は、ゴルフに行くと途中で疲れてしまい、後半のスコアがダメダメでしたが、すっかり余裕で回れるようになりました。

歩き始めてからは体重は一、二キロ減っただけですが、ウエストがかなり細くなりました。どれほど細くなったかと言うと、ワンサイズ以上細くなって、Sサイズでも大きくて困るほどになったのです。最大時の服のサイズは、LサイズでもギリギリでLLのほうがいいかな、という感じだったのに、です。ユニクロのウエスト61やGUのSサイズも、このサイズは間違っているのではないか、と疑いたくなるほどブカブカに。お尻や太もも周りはちょうどよくても、ウエストはベルトでキュッと締めないと下がる感じです。

そんなにウエストが細くなった理由は、体脂肪率が減ったおかげだと思います。体脂肪には、皮下脂肪と内臓脂肪があって、万病の元と言われる内臓脂肪もしっかり減っていました。皮下脂肪は大して悪影響はありませんが、内臓脂肪は多いとガンや心臓病などの原因になるので、できるだけ減らしたいと思っていました。それが一日一万歩歩くことで叶うとは思っていなかったので、嬉しい驚きでした。

ほかに感じる変化は、**よく眠れるようになったことと、体調を崩さなくなったこと**です。大げさかもしれませんが、一日一万歩歩くことは、人間の動物性の回復に効果的だと思います。以前読んだ歴史書に、人間が退化した原因は歩かなくなったせいだと書いてありましたが、一理ある気がします。ある学説では、文明の発達によって歩かなくなったら万病が発生し始めた、昔の人のような鋭敏な感覚を取り戻すには歩くといい、と論じられています。昔の人はもっと歩いていたようですが、一日一万歩で十分な変化を実感できます。

何がいいって、**寝ることも歩くこともタダ**なのです。健康投資とはいえ、使うのはお金ではなく時間です。タダで健康になれて、ダイエットにも効果的なのです。人は、いい行動パターンを身につけると考え方が前向きになるので、自ずと生き方も前向きになります。すなわち、人生がいい方向に変わるということ。ダイエットしたい人も、前向きに生きたいと思っている人も、ぜひよく寝て、よく歩くようにしてください。

44 体力づくりは人生の重要課題

私たちは望む望まないにかかわらず、この先九十歳、あるいは百歳まで生きる可能性が非常に高くなっています。しかし、私たちの体力は、放っておくと年々減退していきます。老後に、自分の足でしっかりと立って歩いていられるかどうかは、四十代、五十代、あるいはそれ以前からの運動や食事、睡眠などの健康習慣の蓄積がものを言います。体力づくりに近道はなく、老後になって始めても間に合いません。

私にとって、体力づくりは人生の重要課題の上位三位以内に入っていて、「体力最重要生活」を送るようになって六、七年が経ちます。お金であれば貯蓄ができ、最悪の場合には借金もできますが、体力は貯めることも借りることもできません。**老後を、お金がない状態で迎えるより、体力がない状態で迎えるほうがよっぽど不安です。**

体力づくりは今を生きることであり、将来の生きる活力をしっかりと自分の中に蓄積することです。それは、わざわざスポーツジムに行かなくても、ありとあらゆるところでできます。まずよく歩くことで、駅では階段を使い、電車の中では座らない、など。走行中の揺れる電車の中で、つり革につかまらず、ドアにももたれずに立っていられるかどうかは、とてもいい体力チェックのバロメーターになります。

私は健康とお財布のためには、都市部に住んでいる人は公共交通機関を使い倒して、タクシーに乗らないほうがいい、と常々主張していますが、その理由は、周りでタクシーによく乗る人を見ていると体力がない人が多いからです。

また、私はアンチエイジングに効くと言われるエステやサプリメントに強い興味はありません。なぜなら**アンチエイジングには、体力をつけることが一番早くて効果的**であることを知っているからです。加齢というのは体力が衰えることですから、体力の衰えを最小限に抑えることができれば、結果的にアンチエイジングにもなるのです。

気力は体力の従属変数

体と脳の働きを切り離して考えがちですが、脳も体の一部なので、その働きは体力の有無に左右されます。体力がないのに、頭の回転が速くて思考力がある、ということは基本的にあり得ません。

なぜ、人は年を取ると頑固になるかというと、体力がなくなっていくからです。特に高齢になると認知能力が低下して思考力が低下するため、ものの見方がどんどん近視眼的になるという悪循環が起きます。そうなってから元の状態に戻そうとしても、すでに認知能力が衰えているので、体力づくりのために割けるリソースが尽きてしまっている可能性が高いのです。

若くても、体力がないと、自分の人生目標の実現や様々な課題の解決をしようという気が起きにくくなります。体力と気力は別物ではなく、気力は体力の従属変数です。つまり、体力があれば気力も充実します。気力だけ充実していて、体力がない人というのはほとんどいないでしょう。決められたことを決められた通りにする分には、あまり体力を使いませんが、**新しいことにチャレンジして、考えながら前に進むときには瞬発力や集中力が必要で、それを習慣として持続するには、体力的な余力がないとできない**のです。

実は、私たちがああしたい、こうしたいと思っても、なかなかできない原因は、体力がボトルネックになっている場合が多々あります。また、物事を先延ばしにする時間割引率が高い人の多くは、体力がありません。逆に体力をつけると、時間割引率が低くなるので、さまざまな懸案事項を先送りしなくて済むのです。

ものぐさコストを減らす

人間は、古代から高度成長を遂げるまで、カロリーを過少摂取して過剰消費するという、恒常的な欠乏状態を経験していました。そのため、できるだけカロリー消費を防ごうとして、ものぐさになるのは自然なことでした。それが高度成長期以降は一転して、カロリーを過剰摂取して過少消費する状態になりました。

しかし、長い歴史の中で身についたものぐさは変えられず、結果として、肥満や糖尿病、高血圧などの生活習慣病が増えてしまいました。そのことに警鐘は鳴らされていますが、世の中には体力を使わない対価として、便利なサービスを提供するものであふれかえっているので、どんどんものぐさになって、ますます体力がなくなっていく、という悪循環が起きてしまいます。便利なサービスを利用するたび、お金も失っていることを忘れてはいけません。それを私は**「ものぐさコスト」**と言っていますが、ものぐさだとお金は貯まらないのです。「ものぐさコスト」を減らすことが大切です。

厚生労働省の「健康日本21」によると、一回三十分以上の運動を週二回以上、一年以上続けてしている成人は約二十五％で、四人に一人しかいないそうです。運動といっても、心臓がバクバクするような激しい運動は推奨されていません。心臓を繰り返し酷使すると、その分寿命が短くなるためです。体力づくりのために推奨されているのは、**早歩き程度の運動を一日二十分以上行う**ことです。ランニングも適度にする分には寿命を延ばすことがわかっていますが、やり過ぎると心臓の疲労を招くこともわかっています。

私は、膝と足首が消耗品だと思っているので、ランニングのような両足が同時に接地しない状態で行う運動はなるべく避けています。若いころに自転車の乗りすぎで左膝の調子が悪いので、これ以上の悪化を避けたいからです。自分の体の状態に合わせて、体力づくりに励みましょう。

45 「加齢で記憶力が落ちる」は間違い

皆さんに、禁句にしていただきたい言葉があります。それは、「自分は記憶力が悪いから」というセルフ・ハンディキャッピングの言葉です。

セルフ・ハンディキャッピングとは、自分の能力を一定以上落としておくことで、何かに失敗しても傷つきにくくするための一種の暗示です。なので、自分は記憶力が悪い、と暗示をかけてしまうと、そのことを証明するために覚えたことをわざわざ忘れてしまったり、あるいは忘れていなくてもなかなか思い出せなくなったりします。認知的不協和を起こさないようにするために、無意識のうちにそうしてしまうのです。

年を取ると記憶力が悪くなる言う人がいますが、**実際には、年と記憶力はほとんど関係がない**ことが様々な研究でわかっています。高齢になるにつれて覚えていることが増えるため、その中から思い出したいことを探すのに時間がかかるだけで、認知症でもない限り、記憶力が衰えることはありません。また、人の名前が思い出せなくなるとも言われますが、人の名前は基本的に意味がないため、日常的に口にしたり、思い出したりする機会がなければ忘れるのが自然です。同窓会で、何十年かぶりに会った同級生の名前をパッと思い出せるほうが変なのです。ということで、記憶力が悪いというのは思い込みに過ぎないので、「自分は記憶力がいい」と思い直してから、この先を読み進めてください。

すべて記憶して無意識に蓄積している

記憶力というと、単独の能力があるように勘違いしがちですが、集中力と同じで、私たちが頭をうまく使う技術の一つです。記憶は、知識や経験を収集する、次に収集したことを保持する、さらに収集したことを的確な場で出力するという三つのフェーズによって定着し、これが上手に行える人のことを記憶力がいいと言います。記憶力がいいほど、色々な人生の課題を解きやすくなるため、やりたい仕事に就く、収入アップなど、自己実現をしやすくなることは言うまでもないでしょう。

また、記憶力がいい人の一例として、何かを眺めるだけで覚えてしまう、というビジュアルメモリーが話題になりますが、多かれ少なかれ、誰でもこの能力は持っています。ただ、その記憶は無意識に蓄積されるため、自覚しづらいだけです。

私たちは、朝起きてから夜寝るまで、多くの行動や意思決定、決断を無意識で行っています。それと同様に記憶も無意識が主役で、目が覚めている間、目にしたり、聞いたり、匂いを感じたり、触ったりしているものすべてについて記憶をしています。その大半の記憶は意識にのぼらず、二度と使われることがないため、忘れ去られます。興味があったり、大事だと思っていたりすることについては強烈な印象が無意識に残って、「あれは○○だ」と言葉とのインデックス付けが行われます。**そのインデックス付けが、無意識から記憶を呼び起こしやすくする最大のカギ**になります。

今から二十年以上前に、コンサルタントだったときに、電子マネーの仕事をしたことがありました。その仕事を担当する以前は、街を歩いていても電子マネーに関する看板などがまったく目に入りませんでしたが、担当して、どうやって電子マネーを普及させようかと考え始めたら、意外と色々なところで電子マネーが使えることに気づくようになりました。つまり、自分の仕事になって関心を持ったことで目に入った看板がインデックス付けされるようになったのです。

よく、自分の進路や目標を言葉にして掲げることが重要だと言われますが、それを痛感するような体験でした。言葉にすると、無意識のうちにも役立つ情報が記憶に残りやすくなるため、叶えやすくなるわけです。

記憶力アップに睡眠や運動は不可欠

近年、睡眠中には**「メモリー・コンソリデーション」**という記憶を統合する作業が行われていることがわかりました。私たちが日中に経験したことは、海馬と言われる短期記憶に保存されます。その中で、今後必要だと判断された知識だけを引き出して、長期記憶に整理統合して脳に蓄える作業が、メモリー・コンソリデーションです。

この作業中に、私たちは夢を見ると考えられています。残念ながら、起きたときにはほとんど忘れていますが、夢の正体は、脳による記憶の仕分け作業だったわけです。単に肉体的な疲れを取るだけなら、睡眠時間は六時間ぐらいで十分ですが、メモリー・コンソリデーションのためにも、もう少し長く、七、八時間寝たほうがいいとも言われます。

ただし、飲酒して寝ると睡眠の質が落ちるため、うまく仕分けされずに、きれいさっぱり忘れてしまう可能性があります。それも飲酒の害の一つで、日中にどんなに有益な情報を得たとしても、長期記憶として残りにくくなってしまいます。逆に、運動や入浴が記憶にいいとされるのは、脳の血流をよくするからです。脳の血流がよくなると、十分な酸素が脳に供給されて記憶力が高まると言われます。

年を取ってくると記憶力が悪くなった気がするのは、**睡眠時間が短くなったり、体を動かす機会が減ったりすることが影響する**と思われます。また、長時間通勤に長時間労働、人がたくさんいる狭い空間での勤務環境というのも、記憶力にとっていい状況ではありません。そうしたストレスがかかった状況だと、脳は物事の理解や記憶をスムーズに行えず、それを呼び起こすときにも苦労が伴ってしまうからです。

記憶の出力も大事

滅多に会わない人の名前をなかなか思い出せないのは、日常的に口にする機会がないからだと前述しましたが、私たちが英語を習得しにくいのもまったく同じ理由で、日常会話が英語でないからです。**記憶を定着させるには、収集して保持したものを出力することもとても重要です。**

英語に限らず、頑張って勉強したことや本を読んで感銘を受けたこと、すごいと思ったお役立ち情報などを入手したら、それらに費やした時間と同じかそれ以上の時間を使って、口に出したり書いたりして、記録するようにしてください。私は、ＳＮＳを記憶の出力場所の一つにしていて、気づいたことがあればわりとなんでも書き込んでいます。そこで目に留めてくれた人とやり取りすると、さらに記憶の定着を促せるわけです。

それは、スマホに記憶を代用させていることにならないか、と問題視する人がいます。確かに、同じ記録でもノートや手帳に手書きしたほうが、紙を触る、ペンを取る、書く、といった工程を経ることで五感が刺激されて、記憶を保持しやすくなるので、紙のメモや手帳に戻るか否かは、一人ひとりの判断にお任せします。いずれにしても、私たちが自分の記憶を上手に情報ネットワーク化して、それをうまく引き出せるようになるには、日々の生活の中で、**記憶の収集↓保持↓出力**を繰り返すことが必要です。

そうすると、いわゆる直感が働きやすくなることを実感できます。直感というものはどこからくるのかと言うと、私はこれまで蓄積された記憶以外にないと考えています。

46 現代人の食事の問題は、カロリー過多・栄養不足

私は、小学生のころまでは四十キロ台で、その後成長とともに増えて中学・高校時代は五十キロ前後でした。太り出したのは大学時代からで、身長は百五十八センチで止まっていたのに体重はジワジワと増加しました。そして三回の妊娠・出産を経て、多忙で外食中心だった三十代の会社員時代には六十キロ台に突入。最大時は六十二〜六十三キロで小太りの中年体型でした。テレビによく出ていたころもそんな体型だったので、服を借りてきてくれるスタイリストさんを困らせていました。だからテレビのダイエット企画に声がかかったとき、私自身は小太りのままでもよかったのですが、スタイリストさんと事務所から「お願いだから痩せてくれ！」と言われて、ダイエットしたこともありました。

それ以外にも、ダイエット教室に通ったりして、十キロ近く落としたことが数回ありました。それで五十キロ台前半になっても、すぐにリバウンドしてしまったのです。そういったことを何度か繰り返して、いい加減人に頼るのはやめようと思い、国内外の肥満に関する書物を読み漁りました。その結果、やっと自分が太っている原因がわかりました。それが睡眠と運動、食事の問題だったのです。

睡眠と運動の問題については前述した通りで、食事の問題としてもっとも大きかったことは、外食や加工食品ばかり食べていたことでした。この話も方々でしていますが、外食や加工食品は、万人受けするように砂糖や油脂を大量に加えていて〝おいしさの演出〟をしてある分、カロリーが高くなります。低脂肪や低糖が売りの商品も、低脂肪の場合は砂糖を、低糖の場合は油脂を加えて味をごまかす、というからくりが存在します。そうしないと消費者がおいしいと思わないので、売れないからです。

砂糖や油脂は摂りすぎて消費されないと、体内で脂肪として蓄えられます。だから外食や加工食品だと食べる量を少なくしても痩せることはなく、平均的な量を食べているだけで脂肪となって太るのです。もし、自分は大した量を食べていないのになぜかどんどん太っていくと感じている人は、外食や加工食品の虜になっている可能性が高いでしょう。

生鮮食品を使った自炊が、栄養不足と肥満解消のカギ

二つ目の食事の問題点は、栄養が不足していたことです。特に、タンパク質と食物繊維、それからビタミンやミネラルの微量栄養素が足りていませんでした。実は、**肥満な人ほど栄養不足に陥っていることが多い**と言われます。太っているのに栄養が足りていないのはなぜ？　と疑問に思う人もいるでしょう。一見矛盾しているようですが、現代の食事は、カロリー過多・栄養不足であることが多いのです。ついつい、ダイエットというと、カロリーを抑えることに気を取られがちですが、それでやせても必ずリバウンドします。栄養価が低くなって、体がなかなか満たされないからです。

人間の体の中で水分の次に多いのはタンパク質で、そのタンパク質が不足すれば体が満たされなくて当然です。加えて、ビタミン、ミネラル、食物繊維は、体のサビと言われる老化物質の活性酸素を緩和するなど、体のリズムを整える役割があるので、不足すると安定した状態が損なわれて不調が生じます。体としては、できるだけ早く満たされて安定した状態にしたいため、手っ取り早くエネルギーになる甘いものやご飯、パンなどの炭水化物を欲します。その結果、糖質や脂肪の摂取量が増えて、太り

やすくなるわけです。

間違ったダイエットをして食事を抜いたりすると、反動で過食しやすくなりますが、それは体が栄養不足に陥っているサインとも言えます。そうした状態に陥らないためには、日ごろからタンパク質と食物繊維、ビタミンやミネラルの微量栄養素を摂ることが欠かせません。

それらをちゃんと摂取する方法はいたって簡単で、**野菜や肉、魚などの生鮮食品を買ってきて自炊する**ことです。私がそうし始めたのは四十代になってからで、そこからゆっくりと体重と体脂肪が落ちていきました。そして最大時から十二キロほど減り、体重は五十キロ前後を維持し、体脂肪は二十%前後を頑張ることなく維持しています。

私が愛用しているヘルシオのウォーターオーブンやホットクックなどの調理家電だと、食材本来のおいしさを損なわない無水調理や低温調理ができるので、調味料は塩やしょうゆなどの基礎調味料のみで、かつ少量で済みます。外食や加工食品のように大量の砂糖や油脂を摂らないので、一日三食、おなかいっぱい食べても太ることはありません。また、ご飯は玄米にし、パンは全粒粉にしているのもポイントです。精製された白米や白い小麦よりも食物繊維が多いため、満腹感がより上がります。そのおかげで、食間にお腹が空くことがなく、間食したいと思うことがほぼありません。

以前の私は、食事の量を気にして質を気にしていませんでしたが、今は逆です。自炊によって食事の質を保ち、量は気にしていません。質に関することとして、どんなに体にいいと言われるものも、そればかり食べるのはお勧めしません。よくダイエット法で「〇〇だけダイエット」というものがありますが、栄養のバランスが偏るだけではなく、その食材に今は明らかにされていない毒性が含まれている可能性もあるからです。よかれと思って積極的に食べたのに、体内に毒を溜めて将来の健康リスクを上げてしまった、というのは悲しすぎます。やはり、子どものころから言われてきた通り、食べものの偏りはできるだけなくしたほうが賢明だと思います。

週一ペースなら食べたいものを食べてOK

外食するときは、しゃぶしゃぶやステーキ、お刺し身など、素材そのものを食べる料理を選ぶようにしています。そうすると調理過程で多用される、砂糖や油脂を取らずに済みます。もっとも、週一ペースなら、甘いものでも脂っこいものでも、好きなものを食べても問題ないと思います。私はカフェなどで仕事をするとき、たまにドーナツやケーキを食べますが、週一以上にならないようにしているので、体型的にも体調的にも変化はありません。

好きなものはやめようとすればするほど、求める気持ちが強まるものです。誰でもダイエットを始めるときは張りきって、絶対に断つぞ！ と思うものですが、本当に断てる人は限られた人だけです。だから週一回は、好きなものの誘惑にのっていい日を作ってください。その代わり、週六回は食べないと決めて、誘惑に近づかない環境を整えましょう。私は、家にお菓子類は一切置いていません。なければ食べられませんし、どうしても甘いものが食べたいときは、甘い果物やサツマイモなどを食べています。

人間の意志ほど当てにならないものはなく、私たちは誘惑に負ける生き物です。くれぐれも、むやみに誘惑に近づかないようにしてください。近づいたら絶対に手が伸びて「やっぱりガマンできなかった……」と、自己嫌悪や罪の意識を感じながら完食してしまいます。誘惑に負けずに我慢できるのは、最初の一回目だけ。二回目も我慢できると思ったら大間違いで、一回目を我慢した分、過食しがちです。そうならないためにも、あらかじめ週一回は誘惑にのっていい日を作ったほうがいいと思います。

47 お酒は「毒と書かれていない毒」

お酒を飲む人には残念なお知らせですが、**さまざまなエビデンスを集めれば集めるほど、お酒は百薬の長になっていません**。かつては、ほんの少し飲むと、リラクゼーション効果や心臓疾患などの抑制効果があると言われていました。しかし、それらの効果は飲酒が習慣化して肝機能障害などの罹患率が上がるリスクにかき消されます。消化器、循環器、神経、筋肉など、すべての臓器に障害を来す恐れがあると言われるほど、健康被害は甚大で、お酒は飲まないに越したことはない、というのが近年の結論です。

私は二十歳から飲み始めて三十二歳ぐらいまで、結構飲んでいました。妊娠中と授乳中を除いて、ワインだったら毎日二分の一～一本。みんなで飲みに行くと、ビール一リットルは軽く、日本酒なら二～三合飲んでいました。なかなかの飲んべえだったわけですが、三十二歳でタバコをやめられたとき、ひょっとしたらお酒もやめられるかもしれない、と思って試したらやめられたのです。ところが、いわゆるスリップといって、三十九歳でまた飲むようになって四十一歳までの二年間飲んでいました。それ以来きっぱりやめて、今十年以上経ちます。

私がお酒を飲まなくなった理由は非常に単純で、お酒が体に及ぼす害について書かれた本や研究論文を読み漁ったからです。誰でも、毒だとわかっているものを飲み干すことはできないと思います。

ところが、お酒は「毒と書かれていない毒」なので、みんなと楽しみたい、飲みニケーションとして必要、これは貴重なお酒だから飲まないと損と、ありとあらゆる理由をつけて飲むわけです。それはもはや、緩やかな服毒自殺をしようとしているも同然か、と。私はそういうことはしたくないので、飲まないようにしているのです。

今はお酒の味をすっかり忘れているので、お酒を見てもまったく飲みたいと思いません。これが習慣的に飲んでいると、お酒を見ると無性に飲みたくなります。その理由は、飲酒したときの多幸感や楽しい情動記憶がよみがえるからです。その記憶が遠い彼方にあればよみがえりませんが、昨日や先週の記憶は鮮明に残っているため、すぐよみがえります。そして、再び多幸感や楽しさを強く欲するため、理性が効かなくなります。毎日のように飲んでいる人ほど理性が効きにくく、休肝日を作るのが難しくなるのです。

お酒をやめると時間もお金も節約できる

お酒をやめたい、あるいは減らしたいと思うなら、**家にお酒を置かないのが手っ取り早くてお勧めです**。実際私も、やめようと思ったときそうしました。置いていないものを摂取することはできません。家に置いていなければ、飲みたいと思っても買いに行くことが心理的なハードルになるため、飲まないという選択肢を取りやすくなるでしょう。加えて、お酒の席に行かないようにすると、ずいぶんと酒量を減らせると思います。

お酒をまったく飲まずにどういう良いことがあったかというと、**一番良かったことは時間が増えたこと**です。以前は飲み会に行くと、夜の時間が消えました。今は食事に行ってもお酒を飲まないので、会話や空間を純粋に楽しんで帰宅し、普通に家事や仕事ができます。お酒を飲んでいないので翌朝すっきり起きられて、気分よく一日をスタートできます。

私は毎日メルマガやブログ、本の原稿を書いて、ＹｏｕＴｕｂｅ動画も配信し、ほかにも「勝間塾」の主宰など色んな仕事をしています。それでよく聞かれるのが、なんでそんなに時間があるんですか？　ということです。その答えの一つが、お酒を飲まないことです。お酒を飲まないから時間があって、色んな仕事に使えるのです。

二つ目のいいことは、**お金が貯まるようになったこと**です。お酒を飲むと、どんどんお金がなくなっていきます。紅茶やお茶は高くても数百円ですが、ワインでちょっといいものだとすぐ三千円とかしますし、日本酒やウイスキーもこだわればこだわるほど高くなります。

外食する場合、お酒なしだったら三千～四千円で結構いいものを食べられますが、同額で飲み放題をつけると半分はお酒代になるので、食べもののクオリティーが途端に下がり……。

つまり、お酒は高くて不経済なのです。お酒で使わなくなった分は、趣味のゴルフクラブを買ったり貯蓄に回したり、有意義な使い方ができるようになりました。

老化が遅くなり、自己肯定感まで高まる

三つ目のいいことは、**老化が遅くなったこと**です。三十九歳から二年間、スリップして飲んでいたときは、鏡を見て老けたなと思うことがよくありました。年齢的な問題もありますが、肝臓をアルコール分解のために使って、他の毒素の分解に使えないわけですから、老化が進むに決まっているのです。再び飲まなくなって、明らかに老化のスピードが遅くなったことを実感します。

四つ目のいいことは、飲みすぎて醜態をさらす、ということと無縁になって、自分をきちんとコントロールできている状態が続くため、**自信がついて自己肯定感が高まること**です。何事にも前向きに取り組めて、実際に私は、お酒をやめられたのだから、同じように依存性がある砂糖やカフェインもやめられるかもしれない、という気持ちになれました。そして、本当に両方ともやめられました。厳密には、砂糖とカフェインは完全にゼロではなく、家では摂取しないというやり方です。摂取しても週一ペースを保てていることから、私の実感値ではアルコールほどの強い依存性はない気がします。

カフェインの問題は、カフェインを摂らないと頭がよく働かないことです。かつての私はコーヒーを飲まないと一日が始まらず、毎日五~十杯飲んでいました。コーヒーのカフェイン量はカフェイン飲料の中で一番高く、やめると頭の血流が急激になくなって頭痛が起きます。それがつらくて何度かスリップしましたが、頭痛は二週間ほどで治まり、それ以降はまったくしません。同時にコーヒーも欲しくなりました。今私が常飲しているのは水かハーブティーで、たまに飲む唯一のカフェイン飲料はロイヤルミルクティーです。

48 砂糖は依存性が高いマイルドドラッグ

私は家に砂糖やお菓子など、甘い物は一切置いていないと書きましたが、それは普段の食生活でシュガーフリーを実践しているためです。シュガーフリーのフリーは「自由な」という意味ではなく、「○○を除いた」「○○を含まない」という意味です。つまり、シュガーフリーとは、食物から糖質を抽出して精製した砂糖や甘味料全般(天然甘味料、人工甘味料、合成甘味料)を制限することです。それらが含まれる加工食品や調味料も制限しますが、糖質を含む果物やサツマイモ、カボチャなどの野菜は食べてOKです。そこが、糖を含む食べ物すべてを控える糖質制限とは大きく異なります。

欧米では数年前から、砂糖は「マイルドドラッグ」と言われて、ニコチンやアルコール、カフェインと同じように依存性が高い物質として、その危険性に警鐘が鳴らされ

るようになりました。ちょっと食べるともっと次が欲しくなり、それで食べるとさらに欲しくなる、という形で、どんどん砂糖の摂取量は上がります。あるマウスの実験で、砂糖を溶かした水を飲ませるマウスと、麻薬のヘロインを溶かした水を飲ませるマウスでは、砂糖水を飲ませるほうが次々に欲しがって飲み続ける結果に。それほど、砂糖は快楽物質なのです。

人工的に作られた甘味料の問題点は、自然界にない成分でできているため、脳が糖として認識できないことだと言われます。普通の砂糖なら摂取すると脳が糖として認識し、血糖値が上がることで満足感を得られますが、糖として認識できない人工甘味料の場合、脳は糖が入ってきていないと判断するため、より強く欲しがり続けてしまいます。

糖は血糖値を急上昇させる

きっと、健康意識が高い人の多くは、そうした危険性がなく、かつ、精製もされていないハチミツや黒砂糖などの天然の糖のみ摂取している人もいるでしょう。完全菜食主義で動物性食品を食べないヴィーガンも、植物性のメープルシロップやアガベシロップを料理に使ってOKとしています。でも、私は自炊するときにそれらの天然の糖も摂りません。理由は血糖値をコントロールしたいからです。血糖値を急上昇させるものは、基本的にすべてNGにしています。

人工的な糖でも天然の糖でも、糖分は摂取すると血糖値が急上昇して、それを下げるためにインスリンというホルモンがたくさん分泌されます。すると一気に血糖値が下がりますが、インスリン抵抗性というインスリンが効きにくい状態になり、太りやすくなってしまいます。糖を含む果物やサツマイモ、カボチャなどの野菜を食べても血糖値は上がりますが、それらに含まれる食物繊維が糖の吸収をブロックするので、血糖値は急上昇しないのです。

たくさん摂ってエネルギーとして使われなかった糖は体内に脂肪として残り、AGE（エージーイー、終末糖化産物）という老化物質の産生につながります。その老化物質がガンや脳卒中、心臓病などあらゆる生活習慣病の元になることは、国内外の数々の調査が明らかにしています。

それなのに、どうして砂糖の危険性について大きなメディアで取り上げられる機会が少ないのか。それができない理由は、砂糖や甘味料はありとあらゆる食品に入っていて、**利害関係者が多すぎる**からです。テレビや新聞でも、様々な飲料水やお菓子、冷凍食品、調味料などのＣＭや広告がありますが、それらすべてに砂糖や甘味料が入っているわけです。ＣＭや広告はメーカーがテレビ局や新聞社にお金を払って世に出るもので、テレビ局や新聞社は、それによる収入を失いたくないから、砂糖や甘味料の危険性について声高に言えなくなるのです。

しかし、砂糖や甘味料がアルコールやニコチンと同じように依存性が高い危険な物質であることは事実です。適正体重と若さ、そして健康を保ちたいなら、ぜひシュガーフリーをお勧めします。その第一歩は、砂糖や甘味料たっぷりの甘いものを控えることですが、和食には甘じょっぱい味付けのものが多く、砂糖が多用されていることも忘れてはいけません。牛丼やすき焼き、肉ジャガ、サトイモの煮っころがし、カボチャの煮付けなどの家庭料理にも砂糖か、砂糖が入ったみりんが必ず入っています。

市販のおにぎりや漬け物のほか、すし酢やめんつゆなどの合わせ調味料にも、砂糖や甘味料が入っています。**あらゆる食品に少しずつ入っているので、私たちも少しずつ太るのです**。それの何が悪いかというと、意識していないところで砂糖や甘味料を摂っている点です。自分は和食でヘルシーにしているつもりなのに、全然痩せない、という結果を招くのです。

シュガーフリーを正しくかつ確実に実践するには自炊をして、味付けに砂糖や甘味料、みりんなどを使わないことです。私もそれらを一切使っておらず、唯一、パンを焼くときだけ砂糖を少量使います。砂糖は酵母の発酵を促す〝餌〟として必要不可欠で、一斤当たり十～十・五グラム使います。市販の食パンだと、一斤約三十グラムぐらい砂糖が入っているので、約三分の一の量です。その一斤を八枚切りにして食べるので、一枚当たりの砂糖の摂取量は一・二五グラムです。

白米フリーにすると疲れにくくなる

実は、砂糖のほかにも控えているものがあります。それは白米で、一昨年の初めから家ではまったく食べていません。家では玄米を主食にしています。外食時も、主食に玄米や雑穀米を選べる場合は必ずそれらを選び、白米が入っているメニューを避けています。

白米フリーを始めたきっかけは、昔の有名な調査で、白米を毎日たくさん食べている村は短寿で、逆に白米を食べる日にちや時期が決まっている村は長寿である、という話を聞いたことでした。白米の弊害に関する『新版 日本の長寿村・短命村 緑黄野菜・海藻・大豆の食習慣が決める』（近藤正二著、サンロード出版）という書籍も読み、白米のように精製された白い穀物を食べている人たちよりも、玄米のように精製されていない茶色い穀物を食べている人たちのほうが、平均よりも寿命が長いという結果がはっきり出ていることに衝撃を受けました。

白米は、玄米を精製して皮や胚芽などの食物繊維を取り除いたものです。果物などの食物から分離した砂糖と同じように、糖のみ残したようなもので、特性も砂糖とよく似ていて、白米も食べると血糖値が急上昇します。その血糖値を下げるためにインスリンというホルモンが出て、血糖値は一気に下がりますが、インスリン抵抗性というインスリンが効きにくくなる状態に。それが頻繁に起こると、2型糖尿病になってしまいます。

日本人は、比較的糖尿病が多い民族で、そのことと白米をたくさん食べることを関連づける調査は多数存在します。**血糖値が安定しないから疲れやすくなり、様々な内臓疾患や認知症の原因にもなることも指摘されています。**私の場合、白米を食べると必ず睡魔に襲われました。そして白米を食べなくなって、疲れにくくなったことを実感します。

疲れやすい人はぜひ一度、白米フリーを試してみてください。完全に白米を食べなくするのは無理そうなら、食べていい曜日や回数を決めて徐々に減らしましょう。

第7章

完璧を目指さない

――幸福度アップの知見

49

最適主義になろう。完璧を捨てて、おおらかに

誰にでも、周りを見ると、自分より素敵で立派な人だらけで劣等感を感じたり、逆に幻の自信を作り上げて虚勢を張ったりすることがあるでしょう。現代社会は、そうした心情をあおるメッセージや広告が多く、自分をより高めるためにもっと学ばなければ、もっと働かなければ、という焦りを駆り立てられるのが一因だと思います。

しかし、考えてほしいのは、**今現在の自分というのは、過去生きてきた中でベストの自分である**、ということです。よりよくなるために努力を重ね、色んな失敗と改善を繰り返しながら、今の自分が成り立っているはずです。そうであれば、私たちはもっと、今の自分に満足していいと思います。何かでうまくいかないことがあっても、大筋ではうまくいっているのだから大丈夫、とおおらかになれるはずなのです。

健やかな人間関係を築く上でも、自分に対しても、相手に対してもおおらかであることが必要になります。おおらかな人ほど人脈が広がり、そうでない人は先細りしていく傾向にあります。セルフ・コンパッション（自分に対する思いやり）の観点でも、あるがままの自分を受け入れるおおらかさが求められています。

おおらかを辞書で引くと「心がゆったりしていて、細かいことにとらわれないさま」と出てきます。ほんの少しの気持ちの変動で左右されないぐらいの、心の余裕を持っておくということです。生まれつきおおらかな性格の人とそうでない人がいるのは確かですが、考え方を変えたり、環境を整えたりすることで、誰でもおおらかな性格になることができます。

その考え方の基本になるのが最適主義で、**「大まかな優先順位付けで全体を把握して、余裕を持つ」**ということになります。何でも完璧を目指して、エラーをなくそうとすると、自分にも他人にも厳しくなって、おおらかさとは程遠くなってしまいます。

完璧は幻想でしかない

このようなテーマを掲げておいてナンですが、私は二十代、いえ、三十代まではまったくおおらかな人間ではありませんでした。細かいことにこだわって怒りっぽく、何でもギリギリになるなど、周囲にたくさん迷惑をかけていました。それが四十歳になるころから、このおおらかさというものが、私たちの生活を幸せにするカギかもしれない、と思うようになりました。そしてアンガーマネジメントを行ったり、余裕率を上げる方法について色々と学んだりした結果、やはりおおらかさが幸せのカギであると確信したのです。

どんなに完璧になろうと思っても、人間は失敗や過ちを犯す生き物で完璧ではない存在です。**完璧になり得ないにもかかわらず、それを求めるから苦しくなって、おおらかさを失ってしまう**わけです。もし完璧だと思ったとしても、それは限定的な話で、状況が変われば不十分なところがどんどん出てくるのが自然です。

また、上昇志向が強い人ほど、より良いものを求めていて現状に満足できない結果、完璧主義になりがちです。常に上を目指して努力するのは素晴らしいことですが、ストイックになりすぎると、焦りが生まれます。焦りはおおらかさの対極にある感情で、今の自分自身や生活に満足していないことに起因します。より良い自分が本当の自分で、そうなるためにはより良い環境を手に入れなければいけない、と考えるあまり、現状を犠牲にしてしまうのは、本末転倒のように思えてなりません。

ストイックな状態を中長期にわたって続けることは、ほぼ不可能です。**中長期にわたってパフォーマンスを上げていくには、ある程度ゆるい規律の中で、物事を最適化しながら進めるしかないと思います。**

不必要なものはスルーしよう

おおらかさというのは、いつ何時《なんどき》も寛容であれ、ということではありません。怒るべきところには怒り、意思表示をすべきときにはきっぱりします。ただ、不必要な場面で不機嫌になったり、人に厳しくして叱りつけたりするようなことはやめよう、という考え方です。自分自身が満たされた状態であれば、人に対してやさしくなれるはずです。

昨今注目されているマインドフルネスは、過去や未来という不確かなものに心を奪われるのではなく、今現在のことに集中してシンプルに生きよう、という考え方に基づいています。結局、私たちは余計なことを考えて余計なものに手を出し、余計な評価を獲得しようとするから、余裕がなくなるわけです。

シンプルに、「本当に自分を幸せにするために必要なものは何か」ということに向き

合えれば、実は、世の中のほとんどのことはどうでもいいことになるでしょう。細かいことにいちいちこだわることも、腹を立てることもなくなり、自分の幸せとは関係ないものとみなしてスルーできるようになります。その状態はまさに、おおらかな状態です。

物事をできるだけシンプルにして、自分にとって必要な部分だけに気を配り、そうでないことについては優先順位を落として構いません。そうして生まれた余裕は、日々起きるアクシデントやトラブルなどの外的ショックを吸収してくれるため、おおらかさを維持できるのです。

自分の幸せが仕事の成功や家族の健康、子どもの成長、趣味の充実など、様々に分散していることも、おおらかさを維持する秘訣です。例えば仕事で失敗しても、ほかのことが安泰なら、自分の幸せ全体に対して大きな影響はないと思え、おおらかでい続けられます。少しぐらい自分に逆風が吹いても、それを楽しむことさえできると思います。

50 働きすぎは、不幸な老後が待っている

日本人は経済的に比較的豊かな国のわりには、人々の幸福度が高くありません。世界各国の幸福度に関する調査は複数ありますが、どれを見ても似たような結果です。

二〇二一年三月に国連の諮問機関のSDSNが発表した世界幸福度報告(World Happiness Report 2021)によると、**日本は百四十九カ国・地域中五十六位**です。これは国民一人当たりの国内総生産をはじめ、社会的支援の有無、健康寿命、人生の選択の自由度、他者への寛容さ、国への信頼度、という六つの要素に基づいて算出されています。前年より四つ順位を上げたとはいえ、東アジアおよび東南アジアの上位は台湾二十四位、シンガポール三十二位で、かなり差をつけられています。タイは日本より上の五十四位で、フィリピン六十一位。全体の上位ベスト五は、一位フィンランド、

二位デンマーク、三位スイス、四位アイスランド、五位オランダで、北欧諸国が名を連ねています。

また日本は幸福度が低いことに加えて、自殺死亡率の高さも問題です。厚生労働省の令和二年版自殺対策白書によると、人口十万人あたり十八・五人で、先進国（G7）で一番高くなっています。二番目に多いのがフランスとアメリカの十三・八人、それ以下はドイツ十二・三人、カナダ十一・五人、イギリス七・五人、イタリア六・六人。比べて見ると、日本と二番目以下の差が大きいことがわかります。全体では、リトアニアが二十八・八人でもっとも高く、二番目がガイアナ二十七・七人、三番目が韓国二十六・五人と続き、日本は九番目に入ってしまいます。男女別に見ると、男性が十五番目で、女性はなんと四番目になります。国内だけでみると、年間自殺者数は男性が七割を占めますが、諸外国との比較で見ると女性の自殺死亡率の高さが目立つのです。

なぜ日本人はこんなにも不幸なのか

この幸福度の低さと自殺率の高さについては、二〇〇九年に出した『会社に人生を預けるな』でも言及していて、年齢による幸福度の推移を日米で調査したもの（平成二十年度版国民経済白書）も紹介しました。その調査では十五歳から七十九歳までを対象にしていて、十代の幸福度は日本のほうが圧倒的に上です。二十代と三十代でも上回りますが、どんどん下降していきます。反対に、アメリカはどんどん上昇し、五十歳前後で逆転されます。六十代、七十代と年を追うごとに、アメリカはさらに上昇し、日本はさらに下降します。つまり、**日本は年を追うごとに不幸だと感じる人が増える**ということです。十数年前の調査になりますが、この傾向が大幅に変わっていることはないでしょう。

なぜ日本人は老後が不幸かというと、仕事以外の人間関係が希薄なことが一因だと考えられます。これは内閣府の「高齢者の生活と意識に関する国際比較調査」も明らかにしていることで、アメリカやスウェーデンなどと比べて、日本人は友人が少ない、離れて暮らす家族と連絡を取っていない、近所づきあいをしていない、といった傾向が明らかにされています。

そうなった理由について、私は、かつての終身雇用を前提にした働き方のせいだと考えています。しかし、すでに終身雇用は崩壊し、働き方改革の必要性が叫ばれて人生は百年時代になり、コロナ禍によって多様な働き方が浸透しました。と同時に、これまでの働き方に疑問を抱いた人も多いのではないでしょうか。それを疑問のままで終わらせずに、ぜひ幸せの価値基準を見直してほしいのです。

仕事、家庭、健康、親子関係、友人関係、趣味のつながりなど、トータルのバランスで考えてみてください。私は、四十代になってから、仕事だけ満点を取っても幸福度はそんなに上がらないように感じ出しました。仕事は「そこそこ」うまくいっていればいいのではないか、と思うようになったのです。

三十代前半までは仕事第一主義でしたが、あんなに仕事をしないで家庭や健康、趣味などに時間を使えばよかったと思う時期があります。特に三十代前半のマネージャー時代。仕事以外何もできなくなるほど死ぬ気で働きましたが、業績や給料はあまり上がりませんでした。やはり、仕事以外何もできなくなるほど働くというのは、普通ではないわけです。

もし読者の方が、かつての私のようになっていたら、こう自問してください。仕事だけしていれば、自分や家族の笑顔と健康を守れるのか？　と。

51 家事のAI化は幸せにつながる投資

これまでに私は、ワーキングマザーが家事も仕事も百％出力で頑張りすぎて体調を崩したり、鬱病になったりするケースを多々見てきました。かく言う私も二十五歳ごろまでは、全部自分でやろうとしていました。朝は五時半に起きて、一日分の家族の食事を作り、七時には出勤してフルタイムで仕事をし、夜八時に帰宅してから十一時に寝るまで、掃除、皿洗い、ゴミ出し、子どもの相手、パン焼き、麦茶の煮出しなど、座る暇がありませんでした。

振り返ると、そのころの自分はなにも見えなくなっていたと思います。心身ともに余裕がなくなって、イライラしてばかりいました。それであるとき、夫に、なぜ私だけが家事をしなくちゃいけないんだ！　と訴えたのです。それに対する答えは、なんと「俺だってしたくないからだ」でした。その瞬間、完全に何かが切れて、**私だけが頑張ってもなんの解決にもならない**ことを悟りました。

そして、家政婦さんを雇って、週に一回掃除や洗濯、アイロンがけなどをまとめてやってもらうようになりました。一回一万千円で、月四万四千〜五万五千円。二十代の夫婦にとっては大金でしたが、おかげでイライラから解放されて気分よく過ごせるようになりました。同時に、食器洗い機を買って、お風呂は二十四時間風呂にしてお風呂掃除をしなくて済むように、というのが、私が家電を使って家事の効率化をはかるようになった始まりです。

三十代に入って会社でマネージャー職になると、仕事に追われてまったく自炊ができなくなりました。母と同居していた時期は母に任せっきりで、別々に暮らすようになると、再び家政婦さんにお願いしました。時間の代わりにお金ができたので、家政婦さんには平日の五日間きてもらい、掃除、洗濯、料理のすべてをしてもらいました。

四十代になって仕事が一段落し、時間的な余裕を取り戻すと同時に、自炊を再開しました。二〇一〇年ごろからなので四十一、二歳です。新たに調理器具を揃えるにあたって最新の調理家電のヘルシオのウォーターオーブンやホットクックに目が留まり、活用するようになりました。四十代では部屋の片付けも課題になって、大規模な断捨離を行いました。長年物であふれ返っていた〝汚部屋〟を脱出したのは二〇一五年ごろ。その後は、いかにきれいな状態を保つか、という家の快適性がテーマになって、ロボット掃除機をフル活用するように。そうやって料理も掃除も道具のＡＩ化を進めて、ロジカル家事の構築に至ります。詳しくは『勝間式　超ロジカル家事』にまとめた通りで、より健康的な生活を追求し出し、様々な食事法や運動をするきっかけにもなりました。

料理は調理家電の時代

家事の中でもっとも労力がかかるのが料理で、一番重要で質を上げるべきなのも料理です。かつて、洗濯板から洗濯機に、ほうきから掃除機に変わって劇的に便利で効率的になったように、調理器具も調理家電にシフトする時代です。

調理家電は高いと言う人がいますが、価格を使用頻度と使用期間で割ればまったく高くありません。かかるのは食材代のみで、人件費と地代がかかる外食や買ってきたものより、はるかに安く済みます。調理家電が高いと言う人に限って、スーパーやコンビニのお総菜を平気で買ったりします。私にとっては、お惣菜のほうが高すぎて買えません。カボチャの煮物が、三切れ四切れで百五十円というのは高過ぎます。同じ値段で、生のカボチャなら四分の一個も買えます。それを切って調理家電で二十分蒸せば安く済むだけでなく、おいしくて、かつ健康的です。

人は、どうしてもそのときに支払う額しか見ない生き物で、ホットクックは五万円もするけど、カボチャの煮物は百五十円で済む、という比較をしてしまいます。しかし、四分の一個分のカボチャは三十〜四十切れはあり、市販のお惣菜の十倍の量で、千五百円分の価値になります。逆に言うと、ホットクックがあれば一食分十五円で済むものを、十倍の百五十円出して買っているということです。

ＡＩ搭載のものではありませんが、三千〜四千円で煮込み料理ができる調理家電もあります。初めて調理家電を使う人は、そういった安価なもので慣れることから始めるのもいいと思います。それならやってみよう！　と思ったときが始めるタイミングです。逆に、私は鍋とフライパンで料理し続けるからいいわ、と思ったら、それは今までの調理器具代や手間をかけた苦労が無駄になる、という思い込みが意思決定の邪魔をしているということでしょう。

今までに払ったお金や苦労は、経済学用語で言うところの埋没原価もしくはサンクコストで、すでに回収できないコストです。回収できないのに「これは高かったから」

といった思いが強すぎると、誤った判断をしやすくなります。今までに払ったお金や苦労は過去のもので、これからする新たな意思決定は将来のもの、というふうに切り離して考えるべきです。従って、今までの調理器具代や手間をかけた苦労を捨てられるかどうか。これが心理的なカギになりますが、今までのものがすべて無駄になるわけではないので安心してください。

私の場合、フライパンや鍋で料理してきた経験から得られた料理の勘が、調理家電をうまく活用するのにとても役立っています。メニューごとの食材の組み合わせや適切な切り方、味付け、加熱時間の調節は、道具が変わっても不変的だからです。つまり、**鍋やフライパンで料理ができる人は、調理家電に移行すると、調理する手間を省いて、おいしいレパートリーを増やせる**ということです。テクノロジーのおかげで、おいしい料理は手間をかけないことが原理原則の時代になったのです。

家事は仕事より本当に「下」か？

私たちを取り巻く環境は、大きく変わっていて、幸せの価値基準も見直すときがきています。

人は、毎日おいしくて健康的なご飯を食べて、きれいな家で過ごし、清潔な服を着ていればだいたい幸せでいられます。仕事は、それらを実現するための手段に過ぎません。

家は生活の土台で、体と心のチャージ空間です。家事を充実させて家の快適性が上がれば、スムーズにパワーチャージでき、自然と仕事の効率も上がります。負担を増やさずに、むしろ負担を減らして実現するのが、調理家電やロボット掃除機をはじめとする様々な家電の活用です。言い換えれば、**家電の活用は幸せにつながる投資**なのです。

家事は仕事より「下」であるという認識を改めた人から、幸せになれると思います。いつの時代も、今までの常識を疑うことで成長できるのです。

52 「地位財」と「非地位財」は分けて考える

お金は自分を幸せにするために使うもので、見栄を張るためではない、というのが鉄則です。その幸せをもたらすものには、**「地位財」**と**「非地位財」**があります。いずれも経済学用語で、「地位財」は他者と比較することで満足感が得られる財産のことで、お金や社会的地位、家、車、ブランド品などです。いっぽう、「非地位財」は他者との比較は関係なく、主観的に満足感を得られる財産のことで、自由や愛情、健康、良質な環境などです。

一般に、地位財による幸せは長続きしなくて、非地位財による幸せは長続きする、と言われることが多く、そのため、非地位財をより大事にすべき、といった論調が目立ちますが、私は地位財も大事にすべきだと考えています。**地位財による生活の安定**

がなければ、非地位財を増やそうという気持ちになりにくいものだからです。

戦前から戦中は、ご飯が食べられる、病気にかからない、雨風をしのげるなど、生理学的な満足感を得ることが幸せにつながっていて、戦後の物のない時代は地位財が主として幸せの象徴でした。その後、高度経済成長期やバブル期を経て、現代のようなストレス社会になるにつれて、非地位財による幸せが重要であるという方向にシフトしてきました。そして、**現代においては、地位財と非地位財の両方を適度に満たすことが、肉体的および精神的な充足に欠かせません。**

質のいいものを選んで買える余裕は必要

この「適度に」というところがポイントで、両方とも、無理をしないで手に入れられる余裕が必要になります。どういうことかと言うと、例えば時計で言うと、何十万、何百万もする高級時計を買う必要はありませんが、様々な機能が充実した数万円のスマートウォッチは買える余裕は欲しい、ということです。最新型でなくてよく、より安価な一つ前のモデルでまったく問題ありません。

高級品は厳選された材料で作られた良質な製品で、誰もが値段が高いことを知っていることから、羨望の眼差しで見てもらえます。しかし、機能や利便性で考えると、健康管理やスケジュール管理までできるスマートウォッチよりはるかに劣るのです。加えて私の場合、このハイブランド品には、非常に高い立地にある店舗のテナント料や、有名モデルを起用した広告代などのコストが、どのぐらい反映されているのか、ということも気になって、とても手が伸びません。

食品で言ったら、紀ノ國屋や成城石井などは割高なので原則行きません。一方、**イオンやイトーヨーカドーはよく行きます。そこで質のいいものを選んで買える余裕があることは望ましい**のです。

そうしたことが可能になる具体的な額は、住んでいる場所や保持したい生活水準にも左右されるため、一概には言えません。一つの目安ですが、家賃が十万円未満で、教育費が大きくかかる子どもがいなければ、手取り四十万~五十万円で可能でしょう。一人では難しくても、共働きで収入を合算すれば、さほど高いハードルではないと思います。

53 スラック（余裕）を増やそう

私が専門とする経済学は、お金を増やすための学問ではありません。経済学とは、一人ひとりの幸せを増やすためにはどうしたらいいか、ということを研究する学問です。限られたお金と限られた時間、限られた資源の中で、どうしたら主観的な満足や欲望の充足といった「効用」をより多く得られるか、ということが基本的な概念です。

幸せの定義は人それぞれ異なりますが、共通して言えるのは、**ある程度の精神的な余裕や肉体的な余裕がなければ幸せを感じにくい**、ということです。その余裕を増やすコツは、優先順位付けです。

優先順位と言うと、一番目にやるべきこと、二番目にやるべきこと、三番目にやるべきこと、というように「やるべきこと」の順番を考えがちですが、そうではありません。**今の自分にとって大事でなくて、「やらなくてもいいこと」「やらなくても困らないこと」を排除することが、優先順位付けのすべてです。**つまり、余裕を増やすための優先順位の第一位は、やるべきことを減らすことになります。

成功者やできる経営者は口々に、「やることを決めるより、やらないことを決めろ」と言います。私がマッキンゼーに勤めていたときに業務改善をするためには、「やることを効率化するのではなくて、やることを『減らす』ことが一番の効率化」だと、呪文のように言われて叩き込まれました。確かにそうしないと、やることは次々に増えていくので前に進まないのです。

私たちは、気の進まない仕事でも引き受けたり、行きたいと思わない誘いにも付き合ったりしてしまいがちです。それは、人に嫌われるリスクを取れないからですが、断ったら得られたであろう便益を相当失っていることを見逃してはいけません。

「これは本当に私でないとダメなのか？」

やるべきことを減らすときに必要な視点は、「これは本当に私でないとダメなのか？」です。これは、本当に自分がしたいこと、大事にしたいことを理解するプロセスにもなります。そして、自分でなくてもいいことを依頼されたら、きちんと断ることです。その繰り返しによって、周囲に自分の意志表明が伝わって、望まない依頼が減っていきます。

その結果、得られるのはスラック、すなわち余裕です。余裕の必要性については口を酸っぱくして説明していますが、人は時間やお金、体力など、ある程度の余裕があれば新たなチャンスや挑戦に対して、ダメもとでやってみようか、と思えますが、余裕がなくてパツパツの状態だと、失敗のリスクが取れなくなります。

すると、どうしても安全策しか取ることができなくなって、だんだんと人生全体のリターンが減ってしまうのです。そうならないために、やることを減らして本当の効率化をはかってください。

54 虫の知らせを聞き逃さない

私たちは普段の生活の中で、いつもと違う虫の知らせのような違和感を覚えたとき、正常性バイアスが働いて、気のせいだな、などと無視しがちです。正常性バイアスとは、災害心理学などで用いられる用語で、人は危機や異状に直面したとき、現実を素直に受け止めることができなくて、過小評価や楽観視をして「まだ大丈夫」と思い込もうとする傾向を言います。しかし、虫の知らせを聞き逃しているうちは運がいい人にはなれません。

イギリスの心理学者のリチャード・ワイズマン博士は、十年以上かけて、運についての科学的な研究と実験を行い、どういう人が運がよくて、どういう人が運が悪いのか、ということを分析しました。その結果は、世界三十カ国でベストセラーになった

『運のいい人の法則』（矢羽野薫訳、角川文庫）にまとまっていて、その中で、虫の知らせを聞き逃さないことが運をよくする法則の一つとして紹介されています。

博士の分析によると、運をよくする法則は次の四つになります。

1　チャンスを最大限に広げる
2　虫の知らせを聞き逃さない
3　常に幸運を期待する
4　不運を幸運に変える

雑談や無駄話からチャンスが広がる

一つ目の「チャンスを最大限に広げる」というのは何かと言うと、例えばお昼休みなどに雑談したり、買い物に行ったショップの店員さんと話したりするなど、ちょっとしたコミュニケーションを交わす人が周りにいると思います。結局、チャンスはどうやって生まれるかというと、色んな人との雑談や無駄話を通じて、新しい情報や知識を獲得することで生まれるわけです。これはリアルなコミュニケーションに限らず、SNS上でもできることです。**どうでもいいようなくだらない話の中にも有益な情報**

や知識は意外とあって、それらを見つけたらどんどん試してみる、ということです。それが、運を鍛える第一歩です。

私がYouTubeを始めたのも、十年ぐらい前から共同団長を務めている「にっぽん・子ども子育て応援団」という子育て政策推進のための任意団体の企業サポーターとの交流会でGoogleの人と仲良くなって、ランチをしたことがきっかけでした。共通の知り合いがいて、その人がランチに参加してくれたのですが、そのときにはじめてYouTubeに転職していることを知り、その知り合いからYouTubeを開設することを勧められ、動画配信について色々教えてもらったわけです。そんなふうに、人づてに運ばれてくるチャンスは意外と多い気がします。

ただ、どこで、どういうふうにつながるかはわかりません。だから、お茶や食事に誘われたら、よほどの困る理由がない限り一回は会ってみるのがいいと思います。

予感や直感を大切にする

二つ目が、冒頭でも触れた「虫の知らせを聞き逃さない」です。私たちは、悪いことが起こる前にちゃんと察知しているわけです。いわゆる予感や直感と言われるもので、**言語化される前の段階で、いつもと違う感じに妙に気持ちがザワついて、こっちの選択をすると失敗しそう、という感情で悪いことを察知しています。**

逆に、いいことが起こるときは、急に成功するイメージがわいたり、妙にテンションが上がったりします。そうやって少し先の未来を察知しているのに、正常性バイアスで気のせいにしてしまったり、理性的に考えたことに従ったほうがいい、などと押さえつけて聞かなかったことにしがちです。すると、たいていよくないことが起ることは、皆さんも経験済みでしょう。

幸運を期待しているとその通りになる

三つ目の「常に幸運を期待する」というのは、いいことが起きるかどうかわからないけれど、起きることを期待する、ということです。

これに関しては、とても面白い実験があります。誰にでも、とても会いたい人や意中の人がいると思います。そういう人を実験で呼んで来て、被験者がいるカフェに入ってもらいます。運がいい被験者は、すぐにその人の存在に気づきますが、運が悪い被験者は、なんと、その人が隣に座っていても気づかないのです。

これはなぜかと言うと、**普段から幸運を期待していると、何かいいことがないかな、という感じで意識が外に向いて視野も広がるので、会いたい人がいたら、すぐに気づけるわけです。**逆に、普段から幸運を期待していない人は、いいことなんてそうそう起きないという頭でいるので、会いたい人がそばにいても気づけません。

長者番付の常連で、日本一のお金持ちとして知られる実業家の斎藤一人さんも、「自分はツイている」を口癖にしているのは有名な話です。常に幸運を期待しているとその通りになるという好例だと思います。

不幸の中から、次の幸運の種を探す

四つ目の「不幸を幸運に変える」は、「レジリエンス（ストレスやショックを跳ね返す力）」とか「セレンディピティ（予想外の幸運を捕まえる力）」にも置き換えて言うことができるでしょう。

不幸は、誰にでも平等にやってきます。ただ、不幸に対して、運が悪い人は悪いほうにのめり込んで、不幸を引きずるのに対し、運がいい人は、不幸を励みにして、幸運のほうに向かっていく土台にする力を持っています。いわば、**不幸が起きることに**

よってより幸運になる、というサイクルを持っているのです。不幸が起きてもそれにどっぷりつからずに、目を凝らしてみれば、必ず次の幸福の種を見つけられるものです。それを見つけて、着実に歩いていくのが、不運を幸運に変えるということだと思います。

55 執着を手放して、今あるものに感謝する

私たちはついつい、色んなモノ、ヒト、コトに執着する生き物で、それがちょっとでもうまくいかなかったり、思い通りにならなかったりするとイライラします。子育てが典型例で、健康に育ってくれさえすればいいものを、ことあるごとに世間の尺度を当てはめて、そこから少しでも外れていると不満や不安を感じ、子どもにつらく当たったりしてしまいます。

子どもは自分と違う人格だから、思い通りにならなくて当然、とわかっていても、なかなかできないものです。

ほかにも「わかっちゃいるけどやめられない」ことはたくさんあります。例えば、腐れ縁状態の恋人や配偶者、友達と縁を切ったほうがいいのに、切れない。ブラック

企業で辞めたほうがいいのに、辞められない。この服はもう着ないから捨てればいいのに、捨てられない、などなど。

こうなる理由は、行動経済学用語の「保有効果」という言葉を使うと、すっきりと説明がつきます。保有効果というのは、**自分が持っているものに対して、なぜか実際の価値よりも高い価値を感じる心理現象**のことです。そのために、今持っているものを手放したり、今の環境を変えたりすることに躊躇してしまうわけです。

こんな実験があります。市価六ドルぐらいのある大学のロゴ入りのマグカップを、Aグループにはタダであげて、Bグループの人にはあげません。そして、Aグループにはこのマグカップを売るならいくらで売りますか？　と質問し、Bグループには、このマグカップを買うならいくらで買いますか？　と質問します。すると面白いことに、Aグループの人たちは、持っているマグカップを「七ドル以上でしか売らない」と言います。Bグループの人たちは、「三ドルぐらいでしか買わない」と言います。Aグループも Bグループも似た特性の人たちなのに、マグカップを持っているAグループの人たちだけ、主観的な価値が二倍になるわけです。私たちがいかに自分が持っているもの＝保有するものに対して、高い価値を見出してしまうのかを物語っています。

手放すことが嫌いで、変化を好まない

なぜ、保有するものに対して高い価値を見出してしまうのか。理由は二つあります。

一つは、**私たちは、新たに何かを得て「得をする」ことよりも、何かを手放して「損をすること」が嫌**だからです。つまり、マグカップを持っている人は、市価よりも安く売ることが嫌。いっぽう、マグカップを持っていない人は、市価より高く買うことが嫌。すでに持っている人は、手放すことによって損をしたくないから価値を高くし、持っていない人はお金をたくさん出したくないから、安い価値しか見出そうとしないのです。

二つ目の理由は、**現状維持バイアス**といい、現状の良し悪しにかかわらず、**私たちにはできるだけ現状を変えたがらない性質がある**からです。つまり、マグカップを持っている人にとっては、持っているという現状を、持っていないという現状をなるべく変えたくないと考えます。よほど高い対価やお得感がないと、現状を変えたくないと思うのです。

現状維持バイアスは、ものに対してだけではなく、仕事環境や人間関係に対しても

働きます。例えば転職する場合、転職したほうが給与も待遇もよくなるのに、今あるものを手放すのは損だと考えて、今の会社に勤めていることのほうが価値が高いと思おうとします。変化を好まない性質と言うこともでき、現状を変えることに大きなロスやリスクがかかると考えてしまうのです。

同じように、恋人と別れるときや友達と縁を切るときも、関係を続けるほうに価値を見出してしまうため、相当の決意が必要になります。でも、関係を絶てたら、あのときはどうしてあんなに決意が必要だったのだろう？　と首をかしげるものです。「熱が冷めた」または「つきものが落ちた」とも表現できるでしょう。

ものを捨てるときも同じで、もったいないと思ってなかなか捨てられないものでも、いざ捨てられると部屋がきれいに片付くため、捨ててよかったと思うものです。こんなことなら、もっと早く捨てればよかった、と後悔さえしかねません。

自分が持っているモノ、ヒト、コトに目を向ける

ぜひ一度、自分には保有効果や現状維持バイアスという心理現象が働くことを念頭に置いて、今自分が持っているものや周囲にいる人、置かれている状況は本当に価値

があるのかどうかを見つめ直してみてください。**そうして不要なモノ、ヒト、コトと決別して執着を捨てると、残ったものに対するありがたみが自然と増します。**

幸福学やポジティブ心理学など、どのような行動や考え方をすると幸せになれるか、ということを追究する学問では、自分が持っているモノ、ヒト、コトに目を向けて感謝すると、より幸せになれると定義されています。

それを確実かつ簡単に実践する方法は、**毎日ありがたいと思ったことを書く「感謝日記」をつける**ことです。これは幸せの心理学などで推奨されているもので、書くことはご飯がおいしくできて嬉しかった、友達にあげたプレゼントを喜んでもらえたなど、些細なことで構いません。

一日一つずつでも一カ月続ければ、幸せの数は相当な数になります。続ければ続けるほど増えていき、今持っているものに対して幸せを感じて感謝する、というのが自分の思考習慣として根づくわけです。

生きていれば、次々に問題や違和感が生じます。それらに対して、自分にはこれだけの幸せがあるんだ、という心丈夫な状態であれば、問題や違和感に対して不要な執着が生まれずに、正しく処理できると思います。

勝《かつ》間《ま》式《しき》 生《い》き方《かた》の知《ち》見《けん》

お金《かね》と幸《しあわ》せを同《どう》時《じ》に手《て》に入《い》れる55の方《ほう》法《ほう》

2021年9月15日　初版発行

著　者　　勝間和代《かつまかずよ》
発行者　　青柳昌行
発　行　　株式会社KADOKAWA
〒102-8177
東京都千代田区富士見2-13-3
電話0570-002-301(ナビダイヤル)
印刷所　　大日本印刷株式会社

●お問い合わせ
https://www.kadokawa.co.jp/(「お問い合わせ」へお進みください)

※内容によっては、お答えできない場合があります。
※サポートは日本国内のみとさせていただきます。
※ Japanese text only
定価はカバーに表示してあります。

ISBN978-4-04-605264-3　C0030